ローパフォーマーを
ハイパフォーマーに変える
マインドフルネス禅

酒井圓弘
SAKAI ENKO

幻冬舎MC

ローパフォーマーを
ハイパフォーマーに変える
マインドフルネス禅

はじめに

【雑念】（ざつ・ねん）

気を散らす種々の思い。修行などのじゃまになるよけいな思考。（『広辞苑』第七版）

明日が締め切りの企画書を急いで作らないといけないのに、リモート会議で相手が重要なことを説明しているのに、そんなときに限って今考える必要のないことがとりとめもなく頭に浮かび、目の前のことに集中できないということがあります。

断続的に頭をよぎる雑念に気を散らされてしまうと、集中すべき事柄に集中できず、十分なパフォーマンスを発揮することができませんし、成果も上がりません。しかしこの雑念は、一度浮かんでしまうと排除しようと思ってもなかなか排除できないものです。

私は、愛知県にある天台宗の寺院の住職です。これまで僧侶として人一倍己の雑念と向き合ってきました。また数千年にも及ぶ仏教の教えのなかで示されてきた雑念に対する適切な対処法も習得しています。私はその知見を活かして、集中力の欠如の原因である雑念に悩まされる人々の手助けをしたいと考え、マインドフルネスの概念を取り入れた独自の理論をもとに、雑念を取り除くメソッドを開発してきました。

このメソッドをもとに企業の社員研修なども数多く手掛けてきましたが、そのなかでいかに多くのビジネスパーソンが雑念に悩まされているかを改めて実感しました。そして雑念がもたらす脳疲労を解決することで、多くの人々を悩みから解放することが私の使命だと思い至ったのです。

マインドフルネスとは、アメリカでブームとなったのをきっかけに広く知られるようになった精神修養の方法論です。瞑想《めいそう》によって雑念を鎮めて「今」だけに集中できるようになるという効果が認められています。今では簡略化され宗教色が消されているものの、実はその源流は仏教にあります。

そもそも瞑想は仏教の宗派である禅の流れを汲んでいます。だからこそ仏教僧である私ならではの視点でマインドフルネスと雑念の関連を解釈し、それを誰もが実践できる方法にしていきました。瞑想の原点を見つめ直し、禅の教えを再認識してマインドフルネスの思想と融合させ、さらに発展させたのです。それが雑念を取り除いて集中力をアップさせるためのマインドフルネス実践法、「マインドフルネス禅」です。

マインドフルネス禅では、地、水、火、風、空《くう》というこの世を構成する五元素の型による瞑想を行うことで心をコントロールし、それぞれの持つパワーをチャージします。

メディテーション、瞑想というと、単に心を整えて精神の安定を図ることのように思われがちですが、マインドフルネス禅はあくまでも雑念を取り除いて集中力を高めることにフォーカスしています。深刻な心の病ではなく、日常生活の中で集中を妨げられる「心ここにあらず」の状態にある人が、より集中力を高めることで仕事や勉強のパフォーマンス向上につなげることを明確な目的としています。

私はこのマインドフルネス禅を世界中に広めることが自らのミッションだと強く感じ、今では国内のみならず、アメリカを中心とした世界各地で講演活動をしており、内外で高い評価をいただいています。

マインドフルネス禅を実践することで、本来持っている能力を解放し、最高のパフォーマンスを発揮できるようになります。それはビジネスだけでなく、人生そのものを輝かせることにつながっていきます。雑念を排除してウェルビーイングを手に入れる、これこそが〝今〟に生きることです。真のマインドフルネスです。

本書によって、悩みを抱えるビジネスパーソンが集中力をアップさせ、仕事、そして人生を充実させるヒントになれば望外の喜びです。

目次

地の型　脚下照顧
地に足をつけ
心の平穏を保つ

水の型　行雲流水
ありのままに
変化を受け入れる

火の型　進取果敢

内なる情熱に火をつけ
積極性を高める

風の型　打成一片

集中力を高め
パフォーマンスを上げる

空の型　無念無想
無我の境地にたどり着く

苦楽の先に拓ける道がある

不調の原因は雑念にあり

「やる気」「集中力」の低下が仕事の能率を下げている

「マルチタスク」が引き起こす業務効率の低下

現代社会におけるビジネス環境の急速な変化に伴い、マルチタスク能力の重要性が増しています。私たちは社会が便利になったことで、ビジネスのさまざまな局面でよりスピーディな対応を求められるようになり、一人の人間のキャパシティを超えるほどの業務に囲まれています。それをこなすためのマルチタスク能力がビジネスパーソンには必要になってきました。特に近年はＩＴの発展によってさまざまな新技術が導入され、本来の業務だけでなく、新しいツールの操作にも頭を悩ませなければならなくなりました。

しかし、この現代社会の中で当たり前のように行われている「マルチタスク」が、実は脳にとって大きな負担となり、業務に悪影響を及ぼすことが近年の研究により分かってきました。

マルチタスクとは、複数の作業を同時に行うことを指します。例えばオンライン会議中にメールをチェックしたり、資料作成をしたりすることです。あるいは複数の書類を分刻みでチェックし、瞬時にそれぞれに対応した処理をしていくことなども含まれます。

限られた時間内でより多くのタスクを片付けようとするのは一見効率的に思えますが、実際には人間の脳は複数のタスクを同時に処理しているのではなく、高速で切り替えを行っているにすぎません。

しかもこの切り替えには時間とエネルギーを要し、脳が疲弊してしまいます。脳が疲弊するとエラーの増加や、ストレスの増大など生産性が低下し、ビジネスパーソンにさまざまな弊害を生み出します。いわゆる脳疲労という状態に陥り、通常ならあり得ないつまらないミスや、重要な内容の見落としなどが起きかねません。場合によっては大きな契約を

マルチタスクにおける生産性の低下

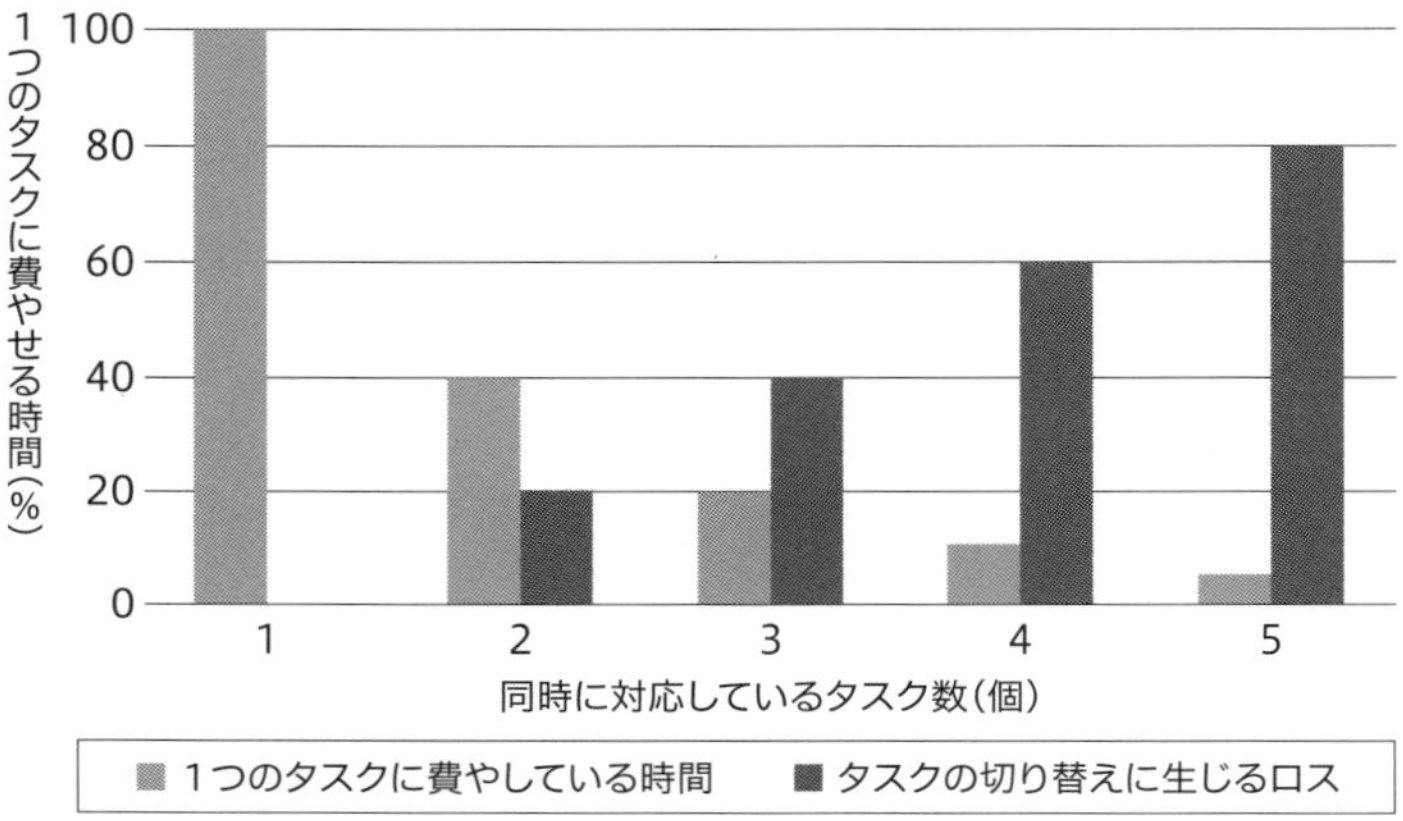

Weinberg, Gerald M.1992 Quality Software Management: Systems Thinking. New York: Dorset House を基に作成

ふいにしたり危険な兆候を見逃したりと、取り返しのつかない事態に陥ることさえあります。

実際にアメリカの複数の大学でマルチタスクの弊害についての研究が進んでいます。

ワシントン大学ボセル経営大学院准教授で、組織科学の専門家のソフィー・リロイ氏は、マルチタスクでは、それぞれのタスクが完全に終わらないうちに次の作業に入ることにより、前のタスクに関連した残留思考と、次のタスクの思考が脳内に共存することで、注意力が散漫となり、集中力が欠如した状態を引き起こすと発表しています。この結果はＮＢＣニュースやタイムズ紙に取り上げられ大きな反響を呼びました。

マルチタスクにより、集中力が低下することで仕事の進捗が遅れがちになると、予定していたタスクが期限内に完了せず、積み残しがどんどん増えていきます。それに伴ってストレスも増大し、さらに集中力が低下するという悪循環に陥ってしまいます。

それだけでなく集中力が低下した状態では、コミュニケーション能力も低くなります。そうなると個人の業務効率が低下するだけでなく、同僚や上司との意思疎通もうまくいかず、誤解や衝突が増える可能性もあります。これにより職場の人間関係が悪化し、職場環境全体がストレスフルとなり組織全体の業務効率の低下を招いてしまうのです。ジェラルド・ワインバーグの著書では、２つのタスクを同時に行うと生産性が20％低下することが示されています。

マインドフルネスによる心の平静

マルチタスクがビジネスパーソンに及ぼす問題解決に向け、アメリカではマインドフルネスの研究が進んでいます。

ワシントン大学では、マルチタスクの弊害を科学的に分析するだけでなく、その解消法としてマインドフルネスの実証実験を行っています。瞑想の練習を受けたグループ、何もしないグループ、ボディリラクゼーションを受けた各12〜15人の3つのグループに8週間にわたり実証実験を行ったところ、瞑想の練習を受けたグループはタスクに集中し、タスク終了後もネガティブな感情が少ないという結果が出ています。同大学では人間の集中力は訓練可能な能力であり、瞑想により強化することができると発表しています。

また、カリフォルニア大学ロサンゼルス校（ＵＣＬＡ）で行われた医療従事者などを対象にした研究では、8週間のマインドフルネスプログラムののち、参加者の集中力が改善され、ストレスが減少し、意思決定能力が向上したことが確認されています。

このような研究が進む中で、アメリカの企業家には、瞑想を取り入れる人も増えています。Appleの共同創業者の一人であるスティーブ・ジョブズやMicrosoftのビル・ゲイツ氏などがマインドフルネスを取り入れていたことはよく知られています。さらに研修にマインドフルネスを取り入れている企業も少なくありません。有名な例としては、2007年から独自のマインドフルネス「Search Inside Yourself」を取り入れているGoogleです。このマインドフルネスは書籍にもなっており、全世界で発売されてマインドフルネスブームを起こしました。日本でも5万部のベストセラーとなっています。

マインドフルネスとは、現在の瞬間に注意を向け、ありのままの自分や周囲の状況を受け入れる心の状態や方法を指します。アメリカでは、ビジネス界のほか教育現場での導入も進んでいます。

具体的には、呼吸や体の感覚に意識を集中させることで、過去や未来のことにとらわれず、今ここにあることを感じることを重視します。この実践により、雑念やストレス軽減、集中力の向上、心の平静を得ることができます。

試しに何も考えないようにして90秒間、目を閉じてぼーっとしてみます。そのときに頭の中にわらわらと湧いてきたものが雑念です。不必要なものが自動思考のように次々に湧いてきます。この雑念によって現在の脳の状態が分かります。

マインドフルネスという言葉は英語ですが、そのルーツは仏教、座禅にあります。日本人が古くから実践してきたことなのです。

仏教では「今ここに集中する」ことを非常に重視しています。仏教には「八正道」という8つの正しい道を説いた教えがありますが、そのうちの一つ「正念（しょうねん）」というのは、心を今におくこと、現在に完全に意識を集中すること、そして物事の本質をあるがままに心にとどめ、真理を求める心を忘れないことを意味します。これはマインドフルネスに直結している教えです。

ただし、マインドフルネスの「今に生きる」というのは、「今さえ楽しければそれでいい」といったような刹那的な考えではありません。マインドフルネスは、過去への執着や未来への心配などから解き放たれ、ただひたすら「今」に生きることを意味します。つまり自己の内面と認識を重視し、今の感情や体感を含めたありのままの自分を受け入れることです。

また、「木を見て森を見ず」ということわざがありますが、今に生きるというのは森を見ること、つまり小さなことに心を奪われず、全体を見ることです。雑念のない状態になると、客観的なものの見方ができるようになり、自分の今の位置というのが見えてきます。すなわち、マインドフルネスの実践によって自らを客観視して判断するメタ認知能力もついてくるということです。

マインドフルネスで心を「今」に集中させる

過去の出来事や未来の心配事にとらわれがちな現代人にとって重要なのが、マインドフルネスの実践です。マインドフルネスで自分の心を「今、目の前にあること」に集中させることで、過去や未来への過剰な思考から解放されるのです。

そして、このマインドフルネス的思考を取り入れ、雑念を排除して集中力を高めるメソッドとして私が開発したのが、マインドフルネス禅です。

私はこれまで5000人以上の人生相談を受け、企業研修などで若手ビジネスパーソンたちと接しているうちに、いかに人々がストレス社会の中で、雑念に端を発する集中力の低下、それに伴うパフォーマンスの低下などで苦しんでいるかを感じていました。雑念が多すぎてうつ病になってしまう人も多く、この問題がどれほど深刻かを痛感したのです。そこで本来なら僧侶が行う伝統的な座禅の修行に、一般の瞑想初心者でもできるような独自の工夫を加えました。今ではこのマインドフルネス禅を取り入れた、古くからの教えと次世代の集中力トレーニングを融合したプログラムで企業研修も行っています。

ストレスの多い現代社会において、マインドフルネス禅は、人々の心から雑念を排除して本来の自分を取り戻し、より生産的で幸福な生活を送ることを目的にしています。効率や成果を数字という見える形で求められる現代のビジネスパーソンにとって「自分の心」という形の見えないものを穏やかに整えていくことが大切なのです。

ストレスを解放し、超集中状態をつくる
マインドフルネス禅・5つの型「地・水・火・風・空」

世界に認められた瞑想

思考が次々と飛び交い、落ち着かない心の状態、つまり雑念がある状態では、日常生活や仕事において優れたパフォーマンスは発揮できません。その解消法として世界も注目しているのが、マインドフルネスです。

日本において、マインドフルネスはアメリカから逆輸入のような形で入ってきました。

マインドフルネスがアメリカでブームになったきっかけは、1979年にマサチュー

セッツ大学医学部のジョン・カバットジン博士が、仏教、座禅をベースにしてアレンジした「マインドフルネス・ストレス低減法（ＭＢＳＲ）」を開発したことです。世界的に注目されるようになったのは、２００７年にGoogleが社員研修にマインドフルネスを取り入れたことからです。欧米のビジネスパーソンのストレス軽減法として俄然《がぜん》注目されるところとなり、それが日本にも伝わり、今では世界中に広がりを見せています。

アメリカでマインドフルネスが受け入れられた理由を私なりに考えてみたのですが、まずアメリカは成果主義ですから、ストレスも多いのです。さらに、上司や同僚に加え、部下からも査定されて評価が決まるシステムです。一瞬たりとも気が抜けません。そんな彼らがメンタルヘルスの維持を求めたのがマインドフルネスだったのだと思います。

そしてもう一つは、アメリカ人のほうが「今」を好きなのだ、というのが私の考えです。多くのアメリカ人は今を楽しむことを重視しています。日本人は今楽しいかどうかというよりも、「老後の年金が足りないからもっと節約しないと」とか、なんとなく将来のことを不安に思って過ごしている時間のほうが長いように思います。

アメリカにおけるマインドフルネスは、ニューヨーク市で幼稚園から高校まですべての公立校でマインドフルネス呼吸法を行うことが義務化されるほどに定着しています。これはどこの国でもそうですが、マインドフルネスはそれぞれの国に合うようにアレンジされています。特にこのニューヨーク市の場合は、子ども向けということもあり、実際に学校で行われているのはとても簡単なものです。しかし、マインドフルネスが、感情の安定といった心の健康はもちろん、脳の活性化、集中力の強化などから学力に与える影響も大きいとされて導入されているのです。

マインドフルネスというと、日本の場合はどうしても身構えてしまって、誰かについて習うとか、きちんとした形でやらなければいけないと思いがちです。そこはアメリカ流で、形にこだわらず、最初は3分とか短い時間でもいいのです。まずは、始めてみることが大切ではないかと思います。

私もこのマインドフルネスの実践者の一人です。日々の生活や仕事において、心を静め、現在の瞬間に集中することで、自身の内面と向き合い、バランスのとれた心の状態を維持することができています。

そして、私は独自のマインドフルネスである、「マインドフルネス禅」の発案者として、

20年以上多くのビジネスパーソンに向けてコーチングを続けてきました。現在ではアメリカをはじめ世界各国で活動しています。

雑念に端を発する現代人の悩みの解消にとても有効なマインドフルネス禅を、国内はもとより世界にも広め、一人でも多くの人を救いたいと思った私は、2018年に単身アメリカ、シリコンバレーに乗り込みます。当時まだ英語も話せなかった私にとっては一世一代の大きなチャレンジでした。

そこでマインドフルネスに関心を寄せる多くの起業家と関係を築き、その後はサンノゼ大学など世界の主要なフォーラムやカンファレンスで講演を行っているほか、シリコンバレーをはじめとする数多くの企業でマインドフルネス禅の指導を行っています。現在ではDr. Enkoの名で、各地でマインドフルネス禅のマスターとして認知されており、私の指導を受けることで、すでにたくさんの企業が社員のストレス軽減や集中力向上に成功しています。

2023年には、世界最大の経済新聞ウォール・ストリート・ジャーナル主催のNew York式典The Future of Everythingで開催されたNext Era Leader's AWARDセレモニーにて哲学部門を受賞、さらに２０２４年には「ＴＩＭＥアジア版」のCEO HORIZONの24人に選出されるなど、現代社会における精神的指導者として国際的に評価をいただいています。私の開発した独自のマインドフルネス禅は、新しい発想力を養い、精神力を鍛えるための方法として、世界の企業のエグゼクティブやハリウッド映画で主役を務めるような俳優、セレブから一般のプログラム参加者まで幅広い層に支持されています。

いまや日本、アメリカだけでなく、２０２４年にはパリオリンピックで盛り上がったフランスでも私は「マインドフルネス禅・マスター」として、雑誌の表紙を飾ったほか、英語圏の雑誌にも何度か取り上げられました。

私、酒井圓弘オリジナルのマインドフルネスであり、世界から高く評価されているマインドフルネス禅は、呼吸法や瞑想を通じて、雑念を静め、心を一つの対象に集中させる技術を提供します。さらに、マインドフルネス禅を通じて、自分自身と向き合う時間を持つことにより、自己認識が深まり、より充実した人生を送るための土台が築かれます。

「よく生きる」ということは、単に生活の質を向上させるだけでなく、心の平穏を保ち、自己成長を促進することを意味します。マインドフルネス禅は、そのための具体的な方法としてすでに多くの人々が実践し、心の平和を見つけ、豊かな人生を築いています。

このマインドフルネス禅をごく簡単に説明すると、真言密教においてこの宇宙を構成する要素とされる「地、水、火、風、空」という五大とつながり、その要素を取り入れていく瞑想法・呼吸法になります。マインドフルネスでクリアな自分になり、今ここに集中することによって、自己理解の深化、雑念からの解放、ストレスの軽減、パフォーマンスの向上など、さまざまな利点がもたらされます。さらに五大エレメントをバランスよく取り入れて、自身を整えていくものです。

ビジネスパーソンの教育にも役立つ瞑想

私はこのマインドフルネス禅を、各企業からの依頼を受けて社員教育研修に取り入れています。ビジネススキルの教育よりもまず精神のあり方を伝えることが必要であり、そのためにはマインドフルネス禅が最も効果的です。だからこそ、社員教育においては最初にマインドフルネス禅を教えることが大切です。

この研修は合宿形式で行い、座学によって基本的な知識を伝え、実際に瞑想を行うことで、社員たちの意識の向上と雑念への対処法を教えています。また瞑想だけでなく滝行なども行い、心身のリフレッシュを図っています。滝行といっても宗教的な意味合いではなく、科学的知見に基づいたマインドフルネスの一環として行います。

もちろん数日間の研修ですべてを体得できるはずもありません。しかしその方法を知り、マインドフルネス禅を継続していくことで、雑念への対処が可能になり、集中力や記憶力の向上が望めます。雑念が消え去り、より物事に集中できるようになれば、脳の情報が整理されて記憶力も格段に上がり、結果的に仕事のパフォーマンスもアップします。

そして物事に対する考え方もポジティブになり、ビジネスパーソンとしてより高次の意識を持って、その人の能力を存分に発揮できるようになります。

また、マインドフルネス禅はビジネスにおけるメリットだけでなく、日常生活全般にわたって、人が幸せに生きていくための心の安定にも役立っています。

メディテーション（瞑想）は世界中で心を落ち着かせる方法として認められており、科学的な研究でもその効果が裏付けられています。瞑想は心の安定だけでなく、ストレスの軽減やうつ病の治療にも効果があります。例えば、瞑想は脳の扁桃体《へんとうたい》の活動を抑制し、不安やストレスを軽減します。2012年の研究によれば、8週間の瞑想を行ったグループは、行わなかったグループに比べてストレス指標であるコルチゾール値が有意に低下しました。また、2013年の研究では、瞑想を行ったグループは、不安指標であるGAD-7スコアが有意に低下し、不安の症状を示す心拍数や呼吸数も有意に減少しました。これらの研究は、瞑想がストレスと不安の軽減に効果的であることを示しています。

また、マサチューセッツ総合病院精神科の准研究員であり、ハーバード・メディカルスクールの心理学助教のサラ・W・ラザー氏らの共著論文によると、瞑想はうつ病の治療にも効果的であることが科学的に裏付けられています。その理由はいくつかありますが、大きなものに脳の変化が挙げられます。瞑想は脳の構造と機能にポジティブな変化をもたらし、特に感情の調整やストレス管理に関わる前頭前皮質や海馬の活動が活発になるという効果を生みます。そのほかにもストレスホルモンであるコルチゾールの分泌が減少し、リラクゼーション効果が得られることや、自己認識を高め、ネガティブな思考パターンを改善するという効果もあります。これらの要素が相互に作用し、うつ病の症状を軽減する助けとなります。

そしてもう一つ、瞑想による大きなメリットを挙げるなら、瞑想することで幸せを感じやすくなるということです。私たちの脳が分泌するホルモンのなかには幸福感をもたらしてくれる神経伝達物質である「幸せホルモン」もあります。ドーパミン、オキシトシン、セロトニンは、「三大幸せホルモン」と呼ばれていますが、瞑想は、この三大幸せホルモンの分泌を活性化することができます。

ドーパミンは主にやる気を出させ、幸福感を与えてくれる物質です。お酒を飲むことによって気分が良くなるのは、ドーパミンによって脳内の報酬系と呼ばれる神経系が活性化するためです。ただし過剰に分泌されると興奮状態や依存症になるリスクもあります。

瞑想を行うことで、自律神経が整い、ドーパミンの放出が増加することは研究でも報告されています。

別名、愛情ホルモンとも呼ばれるオキシトシンは、女性の出産時に必要なホルモンとして知られてきましたが、近年ではストレス状態を軽減させ、不安や心配などを緩和させてくれる働きがあることが分かりました。脳の疲れを癒やし、気分を落ち着かせる作用もあります。瞑想以外にも、赤ちゃんや子どもとのふれあいはオキシトシンを増やしてくれます。

瞑想や呼吸法によって増えるといわれているのがセロトニンです。セロトニンは精神を安定させ、幸福感を与えてくれます。逆に不足すると不安や恐怖などのストレスを感じやすくなります。また、朝日を浴びるとセロトニンの分泌が増え、体内時計を整えるための重要な働きを担います。そのほかにもリズムを刻むウォーキングなどの運動でもセロトニンは増えるといわれています。

かつては瞑想というとどこか胡散《うさん》臭いと感じていたような日本人も、２０１０年代になってこのような科学的裏付けがとれたことや、アメリカのGoogleのような一流企業が、マインドフルネスを研修に取り入れていると知られるようになったことも追い風となり、その風向きが変わってきました。

瞑想の実践で、幸福を感じる幸せホルモンを活性化させることは、人生を豊かにし、ビジネスでのモチベーションアップにもつながっていきます。

目的・段階に合わせた5つの「型」がある

この世には、「地、水、火、風、空」の5つの要素があらゆるところに存在していて、生きていくために必要なエネルギーを与えてくれています。そして、マインドフルネス禅にも、「地、水、火、風、空」という5つの型というものがあり、それぞれ違った役割と実践法を持っています。

地　地球・大地　堅固さや安定などを表す

水　液体　流動的で変化を表す

火　熱エネルギー　変容や成長を表す

風　気体　動きや変化を表す

空　虚空（アーカーシャ）　無限、可能性を表す仏教もインド由来の教えですが、インド哲学をもとにしたヨーガやアーユルヴェーダにおいても、森羅万象をつくり出すこの五大元素と人間とのつながりをとても重要視しており、マインドフルネス禅と考え方は同じです。ただし、中国の五行とは異なりますから、注意してください。また、マインドフルネス禅の基本と同じ思想を形として表しているものに、五輪塔があります。五輪塔は仏塔の一種で、おそらく寺や墓地などを訪れたときに、お墓のような形をした石造りの塔を目にしたことがあると思います。五大という思想はインド哲学から来ているものですが、これは日本独自の建築物になります。

五輪塔の形は、人が胡坐《あぐら》をかいて座禅をした形を模しています。下から、四角形（方形）、円形（球体）、三角形（または屋根形、笹形）、半月形（半球）、宝珠形（上部先端の尖《とが》った球）の5つの石から成っています。この一つひとつが、五大を表していて、下から地、水、火、風、空を意味しており、地から積み重ねていき、最後は空に到達して五輪塔が完成するというものです。剣豪として知られる宮本武蔵もこの五大を取り入れて、『五輪書』という兵法書を著しました。この書は、武蔵の剣術の奥義をまとめた兵法書で、「五輪」とは、地、水、火、風、空の5つの要素を意味します。武蔵はこの思想をもとに、勝つための極意を5巻に分けて記述しました。

マインドフルネス禅もこの考えと同じで、地、水、火、風、空の5ステップがあります。なかでも地の型は、土台作りの部分です。五輪塔でいえば地面に接する座禅の足を表しているところです。これはすべての基本、ベースとなるもので、ここがしっかりしていない限り、上に何を載せても安定しません。ですから、この地の型だけは、これからマインドフルネス禅を始めるすべての皆さんが最初にやるべきものです。もし、その後のステップに進んでも内容についてこられないということが起こったら、それは地の要素が足りない、ベースができていないということなので、この地の型にもう一度戻ることになります。

マインドフルネス禅においては地の型からスタートし、その次の水の型、火の型までが基礎段階となります。風の型からは奥義としてより高次のステージに移行し、最高段階の空に至る

という流れになります。

基礎の3つの段階においては、地の型さえできていれば、その後は、必ずしもステップどおりの順番でやっていかなくてはならないものではありません。慣れてくれば自分の足りない要素や、反対に多すぎる要素が分かってくるので、それに応じて必要な型を取り入れていけばいいのです。その時々の目的に合ったものを選ぶこともできますし、初心者かベテランかという、その人の段階によってもやり方を変えることもできます。

また、人によって合う要素、合わない要素がある場合も出てきます。その場合は、自分に合っている要素を伸ばそうということでいいのです。全部の要素を完璧にしようとする必要はないということです。地は土台となる要素ですから、足を意識すること。水は、水のように変化をしていくこと、受け入れる力。火はメラメラと燃える志、モチベーションを表します。風は水と少し似ている部分がありますが、風はなんにでも対応できるという流動性と機動力、さらに超集中力を表します。そして空は、どちらにも偏らない柔軟な心。つまり仏教において極めて重要な考えである「中道」を表します。中道とは極端な行動や思考を避け、バランスよく生きることを指しますが、仏教においてはそれだけではない、たいへん深い意味のある言葉でもあります。

5つの型のうち、空だけはその他の要素とは違い、マインドフルネス禅の究極の理想形です。例えば中道な愛や感謝を体現する瞑想などもありますが、それにはまず、地、水、火、風の型までがすべてできていないと難しいものです。

スポーツ選手がよく使う「ゾーンに入る」という言葉があります。自分以外のすべての時間が止まったかのように意識の中から排除され、自らの感覚だけが研ぎ澄まされた超集中の状態です。マインドフルネス禅によってパフォーマンスのいい状態になってくることで、そういう状態に入ることは可能です。これは風の型の段階で可能になります。そのためには地、水、火という要素がバランスよく入っていることが最低条件です。

しかし、空という境地にはめったに行きつけません。これは悟りの世界ですから、これまでのすべての要素をバランスよく持っているだけでなく、無償の愛といった自利を超えて利他の心を持つなど、心の修行も必要になるという、奥義のステージとなるのです。

マインドフルネス禅と呼吸法

マインドフルネス禅の呼吸法、瞑想にはそれぞれの型によってさまざまな方法があります。呼吸法では、意識の向け方によって異なる効果が得られます。吐く息に意識が向けば心身ともにリラックスし、逆に吸う息に意識が向けばアドレナリンが分泌されやる気が湧いてきます。型によって最適の呼吸法があるので、マインドフルネス禅に慣れてきたら、これらは、それぞれの状態に合わせて選ぶことになります。

また、マインドフルネス禅の特徴として、それぞれの実践に入る前に「90秒のプレパレーション」というものを行います。これは90秒間だけリラックスした状態で瞑想、つまり心を静めて無心になってみる。そして雑念があるかないかのセルフチェックを行うことです。なぜこれを行うのかといえば、特に初心者は雑念が多すぎる状態で、マインドフルネス禅を行ってもほとんど効果がないからです。もし、たった90秒の間にも雑念が入ってきて仕方がないような状態であれば、その日は瞑想を取りやめて、翌日以降にするほうがいいです。もしくは運動などで雑念をとるようにして、しばらく時間をおいてから再度チャレンジするようなことが必要です。

私が住職を務める寺院で行っている企業研修では、静的なマインドフルネス禅は最後に行うようにしています。より動的な滝行や写経を行ってから、静的な呼吸法、瞑想へと入ります。先にこの動的なものをやらないとバランスが悪くなるのです。この順番がとても大事で、動、静の順番というのが人間の生理に合っていると考えています。

多くの人が、マインドフルネス、瞑想というと、いきなり静から入ってしまっているようですが、この場合、雑念が入りやすくなります。

雑念が入ってしまうと瞑想の意味は半減してしまいます。もしも雑念だらけで瞑想をしたなら、ほとんど効果はありません。もしかしたら、雑念をなくすために瞑想をするのではないのか、と思われるかもしれませんが、実は、瞑想をしている間に雑念を減らしていくということは、特に初心者にとってはなかなか難しいものなのです。雑念がある程度少ない場合で、瞑想に慣れている人ならば、瞑想によって雑念を追わないようにして流していくようなことも可能でしょう。しかしそれでも、雑念がある中で長く瞑想することはなかなか根気がいる作業になります。

私が90秒のプレパレーションのようなセルフチェックを推奨しているのは、瞑想もスポーツジムなどと同じで、結果が出てくれば何回でもやってみたくなるものですが、結果が出てこないと続けようと思わなくなるからです。これまでの私の感じだと、瞑想をやろうとして続かない人がいるとしたら、やはり雑念を消せないからだと思います。ですから、こういう場合にはある程度の前準備が必要になってきます。

まずは、雑念を消すほうから取り組んでいくべきなのです。90秒程度の瞑想で雑念が入ってくるということは、かなりの脳疲労が原因として考えられます。睡眠のときと一緒です。脳が動きっぱなしになっていたら、少しハイになっているような高揚を感じて、なかなか寝付けないものです。特に初心者や瞑想に慣れていない人は、ある程度脳疲労をとってから臨みましょう。脳をリラックスさせる方法も、呼吸法に始まり、森林浴とか温泉とかいろいろなものがあります。そして、なるべく一人で何かしてみることです。

また、普段から雑念を少なくするために、生活を整えていきましょう。その基本として、毎日睡眠をきちんととるようにすることが大切です。そして、嫌われる勇気を持つこと。イエスとノーをはっきり言うとか、あまり気乗りのしない人付き合いはやめてしまうとか、仕事は仕事と割り切って、そういうことで慢性的なストレスを溜《た》めないようにするのです。

私くらい幾度となく瞑想をしている人間であれば、少し呼吸を整えただけで、入ることもできるものです。それはもう瞑想をすると思っただけで状態を整えられるわけです。これはもう無意識にそうなっています。そういう意味では訓練はある程度必要といえます。

すべての型に共通する基本

マインドフルネス禅には、地、水、火、風、空の型、それぞれが少しずつ違っていますが、すべての型に共通する基本的なこともいくつかあります。

その一つが、どこでもできるものだということです。座禅のように寺で静かに座るだけが瞑想ではありません。どこででも短い時間でできます。床に座ってもいいし、椅子に座ってもいいし、立ってでも、歩きながらでもできるというものです。とても手軽にできるものではありますが、瞑想初心者はいくつかの前準備が必要だと思ってください。最初の頃は一人でやったほうがいいと思います。誰かと一緒だとつい話をしてしまいますから、なるべく集中ができる環境を探して、そこで行うようにするのです。

そして、大事なのは雑念を減らしておくこと。そしてリラックスすること。いきなり座って瞑想してくださいと言われて、緊張してしまっては、入り込むのはなかなか難しいものです。ですから、リラックスするためにやるのではなく、ある程度リラックスしてからやるのが瞑想だと考えてください。そうすることでもっとリラックスできます。最初に、それができる環境を整えるなり、探すなりしてみるようにしましょう。

また、マインドフルネス禅は座っても立ってもできると言いましたが、寝転んでやる方法だけは避けたほうがいいと思います。やはりどうしても眠ってしまうからです。そういう意味では家で瞑想するとそのまま寝てしまいがちな人も結構いますから、その場合はどこか外に出ることです。公園などの自然が多い環境は瞑想にとても適しています。たとえ都会の公園で、人や鳩がたくさんいるような場所であっても、瞑想に少し慣れてくれば、そこに自分だけの空間みたいなものが持てるようになります。

瞑想に入るにあたっては、瞑想用の音楽を流したり、アロマを焚《た》いたりする人も多くいますが、これらについては必ずしも用意する必要はありません。むしろ、それが癖になってしまって、必ずこの音楽を聴いていないと瞑想状態に入れない、というように、音楽やアロマに依存してしまうのは、あまりいいことではありません。その辺りをきちんと自己コントロールできるのであれば使っても問題はありません。

自然の音、倍音（基音と一緒に鳴る倍の周波数の音）の効果を持つ音楽や、香りにもヒーリング効果がありますし、人によって音に癒やされる人、香りに癒やされる人などいろいろなタイプがいますから、特に初心者は、自分に合ったものを用意するのもいいと思います。より手軽なものでいえば、ローソク（キャンドル）もあります。ローソクの炎のゆらぎを見ていると、深く入りやすいものです。

いずれにしても、こういった補助的なアイテムというのは、瞑想の段階によって変えていくようにしてください。何もなくてもできるというのがベストです。

このようなアイテムもそうですが、何を着るかとか、瞑想用のマットを用意すべきかとか、とかく日本人は外側の形から入りたがる人が多いようです。しかし、最初はあまりこだわらなくて大丈夫です。これは呼吸法や瞑想をする際の体勢、体の形についても同じことがいえます。もちろん理想的な形というのはありますが、最初からそれにこだわりすぎないほうがよいのです。

例えば背筋は伸ばしたほうがいいですが、いきなり背筋を伸ばしても力が入ってしまうだけです。普段やり慣れないことをしても入ってきませんから、最初はどんな形でもいいと思います。より重要なのは、本人が力を抜いて、リラックスできているかどうか、です。

瞑想の長さについても同様です。最初は3分でも十分だと思います。それで雑念なく瞑想できるようでしたら、5分、10分、15分、20分と徐々に延ばしていけばいいのです。そうやって習慣化できる範囲で、自分に合った適切な時間を見つけていってください。

自然とつながることで癒やしを得る

マインドフルネス禅で、地、水、火、風、空の五大の要素を取り入れることにより、心身のバランスを整えるだけでなく、自然とのつながりを深めていくことができます。

忘れてはいけないのは人間も自然の一部だということです。自然と調和した生活は、心身の調和をもたらします。

森林浴というのは、私が多くの人に勧めているリラックス方法ですが、森の中は空気もおいしく、木々の緑は目にも優しく、鳥のさえずる声にも癒やされます。都会のコンクリートジャングルで忙しく働くビジネスパーソンや、雑念で頭の中がいっぱいで困っているような人は、休日だけでも自然に囲まれた環境に身をおき、気分転換をすることは、オンとオフを切り替えて生活を整えるうえでもとても重要です。

森林浴が体にいいというのは、感覚的なものばかりでなく、実際に健康に与えるいい影響について、科学的にも裏付けられています。例えば、林野庁のホームページによると、森林という環境に身をおくことで、ストレスホルモンであるコルチゾールの濃度が有意に低下することが確認されているほか、心身をリラックスモードにする副交感神経の活動が高まること、脈拍数と血圧の低下などが確認されています。さらに森林浴により、免疫細胞の一種のＮＫ細胞（ナチュラルキラー細胞）の活性が上昇することや、森林の空気中には「フィトンチッド」という揮発性の有機化合物が含まれており、これが人間の免疫機能を高めることも示されています。まさに、心身の健康にいいことずくめなのです。

それだけでなく、森林浴は脳に対して良い影響を与えます。休息によって肉体は癒やされますが、その間も脳は活動を続けています。その脳がリラックスした状態で脳波として表れるのがアルファ波です。そして自然の中に入って自然の音を聞いているだけで脳波がアルファ波になりやすいことが科学的に証明されています。

瞑想によってアルファ波を出現させることはもちろんですが、森林浴など、自然の中に身をおくことだけでも、疲労しきった脳が癒やされます。例えば森林の中を15分ウォーキングするだけでもストレスホルモンであるコルチゾールが15・8％低下し、ストレスが20％低下します。

森林浴と同様に、温泉に行くというのも古くから日本にある王道の健康法であり、リラックス法です。特に自然の中の温泉に行くのは心身の癒やしになります。

ただし、日本人には、「温泉に来たからには1日3回は入らないと元がとれない」とか言い出す人が多いのですが、そういう考えはぜひ捨ててもらいたいと思います。それではむしろ疲れてしまいます。せっかくの休日、せっかくの温泉旅行ですから、もっとリラックスできるものにすべきです。

しかしなかには、休日にはたっぷりリラックスをしているにもかかわらず、心身の調子が上がらず、「休むとかえって疲れる」と言う人も結構います。

何を隠そう、私も20年ほど前にはそんな状態を経験していました。慢性的な疲労が溜まり、たくさん寝ても疲れが回復しないどころか、むしろより疲れてしまうという状態です。ですから、その当時はマッサージに行ったり、温泉に行ったり、休日は癒やしを求めて、リラクゼーション施設のようなところばかりに行っていました。

これはどういうことかといえば、脳疲労を放置していた結果、かなり危ない状態に陥っていたのです。そこに休みをとって少し体力が回復したことにより、それまで麻痺《まひ》していた「疲れる能力」が人並みに戻ってきたため、「疲れた」と感じていたのです。つまり、休む前は本当に疲れすぎていて、自分の疲労度を脳がきちんと自覚できないくらいの疲労レベルになっていたのです。こういう状態はかなりの危険信号なのです。決して甘く見てはいけません。ですから、「休むとかえって疲れる」と思う人は、もっと休まないとダメということになります。マインドフルネスを活用して頭の中もリラックスさせるべきです。

そしてこういう状態にならないために、日頃から疲れは溜めないように休むことが大切です。それによって、きちんとした生活を取り戻していくことができます。ひいてはそれが皆さんをマインドフルネス、つまり幸せな満足感へと導いてくれることになるのです。

マインドフルネス禅で超集中を手に入れる

マインドフルネス禅は、心を静めて「今ここ」の内面に集中し、リラックスや自己洞察を促進する技術であると同時に、雑念を排除し集中力を高めることで、数多くのメリットをもたらしてくれます。マインドフルネス禅の基礎である、地、水、火の型を実践し、修めることができてきたら、次のような効果が期待できます。

雑念を排除することで、現在の瞬間に完全に集中できるようになるため、作業効率が格段に上がり、タスクの遂行能力が向上します。ビジネスにおいては、集中力が高まることで、短時間で質の高い仕事をこなせるようになり、生産性が向上し、労働時間を効率的に使えます。

心を静めることで、日常のストレスや不安を和らげる効果があります。これにより心身の健康を保ち、長期的に働き続ける力を養います。また、ストレスが軽減されることで、自己認識も高まり、感情を自己コントロールできるようになるので、冷静に判断ができ、リーダーシップを発揮できます。また、心をクリアに保つことで、ビジネスの課題に対しても、解決策、新しい視点やアイデアが生まれやすくなります。

マインドフルネス禅のこれらの効果は、個人の生活の質を向上させるだけでなく、ビジネスにおいても競争力を高める重要な要素となります。しかもこれらは地、水、火の型というベーシックな部分を修めるだけでも十分得られるメリットなのです。

これらのマインドフルネス禅の実践に加えて、ストレスの少ない生活を心がけていくことが大切です。睡眠不足のような慢性的なストレスも脳を疲労させ、雑念を生じさせる原因になるからです。

ストレスが溜まっているときというのは睡眠不足のケースが多いです。そこで睡眠の質の向上ということが注目されていますが、日本の医学博士・石川善樹氏によると睡眠時間や睡眠満足度よりも、高頻度の瞑想のほうが仕事のパフォーマンスに良い影響を与えるというのです。つまり睡眠の質を高める前に、日常生活のなかで脳疲労が起こらないように、マインドフルネスを実践することが効果的ということです。

ただし、ストレスについていえば、いいストレスと悪いストレスというものが存在します。

例えば、スポーツ選手などがよく使う言葉ですが、オリンピックの金メダルを争うような場面で、プレッシャーを感じるということ。金メダルを取りたいという強い気持ちとプレッシャー。それによって力を発揮していい結果を残すことができることがあります。この場合のプレッシャーは、いいストレスということになります。プレッシャーで自分に負荷をかけて、それが自らを押し上げていく原動力になっている場合です。

ビジネスパーソンであれば、新規のプロジェクトを任されたときなどに同様のプレッシャーを感じるかもしれませんが、それを克服して見事に達成できた際には自分自身も必ずや成長していることでしょう。やはりここにプレッシャーといういいストレスがなければ、少し緊張感に欠けてしまいます。

実はマインドフルネス禅の地、水、火の型というベーシック部分をきちんと修めることができ、その次のステップである風の型に行くことができた場合、このいいストレスというものが、奇跡を起こす鍵になってきます。

そして、この風の領域に入ることができたら、皆さんは自分の集中力を自在に使えるようになります。それはつまり、ここ一番という重要な局面で超集中というような異次元の集中力を発揮することができるようになるということです。この力を持つことができれば、成功への道筋もおのずと見えるようになります。

次のページから詳しい実践法などを述べていきます。皆さんの成功と幸せのために、ぜひこのマインドフルネス禅を活用してもらいたいと思っています。

地の型 脚下照顧

地に足をつけ心の平穏を保つ

地の型はすべての土台となる大地の力

マインドフルネス禅は、今ここに集中し、心の平穏を求めるマインドフルネスです。この実践から、自分自身と向き合い、雑念のない真の平静を見つけていくことになります。それはビジネスシーンのみならず、あらゆる面からポテンシャルを上げてくれるものです。

そのなかにおいて地の型は、私たちの内なる基盤であり、マインドフルネス禅の入門編ともいえる最も重要な土台となる部分です。

マインドフルネス禅には5つの型があり、その基礎となる型は「地、水、火」の3つになりますが、これから始めようという人は、必ずこの地の型を最初に行うようにしましょう。なぜなら、瞑想の第1段階である地の型は、五大を支える土台であり、基礎中の基礎となるキーポイントだからです。

ここでいま一度、五大を表現している供養塔である五輪塔を思い出してほしいのですが、地を表す五輪塔の最下部にある「地輪」は、どっしりとした重みのある大きな四角形（方形）で作られます。それが意味するところは、揺るがない大地、地面です。また、唯一直接大地に触れている基礎の部分でもあります。そして、座禅をしている人の形を模した五輪塔では、地輪は足の部分にあたります。つまり、この地輪は、五輪すべての土台となり、安定と個体を象徴しています。もし、地輪が弱かったり、ゆがんでいたりしたら、崩れたり、全体のバランスがとれなくなってしまうことは容易に想像がつくことです。

地の型では地のエネルギーを取り入れることにより、大地のように揺るがない安定、地に足がついた状態になることを目指します。具体的には深い呼吸法とベーシックな瞑想を行いながら、体を支えている「足」、特に「足の裏」を意識していくことが特徴です。足の裏に力が入っていれば、決してふらつかないものです。

五大のエネルギーはすべて私たちの体と感覚に関連しているのです。足元の地面に触れる感覚、呼吸のリズム、五感を通じて受ける刺激など、これらは地の要素と深く結びついています。マインドフルネス禅の実践では、これら身体的な感覚に意識を向け、現在の瞬間を感じ取ることも重要です。

地とは堅固な基盤を提供するものです。例えば私たちが立つ地面だけでなく、座る椅子、寝るベッドなど、これらは日常的な地の要素といえます。がっしりと私たちの体を支えるものであり、ぐらぐらと揺れていたり、落ち着きがなかったりしたらほとんど使い物になりません。

心の安定も同様に地の要素によってもたらされます。私たちは自らの内側に確固たる基盤を築くことで、外部の変化に対しても揺るがない心を育むことができるのです。

地の型では、特に足元の感覚や呼吸を通じて、地の要素に集中することで、現在の瞬間に意識を向けていきます。そこから、心の平穏を見つけることができるのです。

大地は、静かでありながら、その存在感は圧倒的です。広大な母なる大地は自然という生命を生み出し、山々を築き、川の流れを決め、森林を育み、そして私たち人間の文明を支える土台となっています。地の型とは、この大地の力、万物をつくり出す基礎的なエネルギーであり、その堅固なる生きる基盤のことを指します。

自分の中に地のエネルギーが充実しているとき、私たちは「地に足がついた」感覚を味わいます。この状態では、物事を冷静に考えたり、環境を観察したりすることができます。

さらに、生命力が高まっているため、私たちは力強く、粘り強い行動ができるだけでなく、周囲の人々を励まし、支え、守ることも可能になっていきます。この「地に足がついた」状態は、内なる平穏と安定をもたらし、自己を受容する力と自信を育んでいきます。

これらは日常生活においてはもちろん、ビジネスシーンにおいても大変な強みとなるものです。

ただし、特にビジネスパーソンにとっては注意しなければならない点もあります。地のエネルギーが過剰になると、安定感を求めるために、新たな挑戦を受け入れる意欲が減退する可能性が出てくるということです。そうなると、チャレンジを避け、既知の領域内で安心感を得ることが優先されてしまうようになります。また、リスクを避ける傾向が強まり、新しいアイデアやプロジェクトに対して消極的になることもあります。さらに、創造性が低下し、既存の方法で問題を解決しようとする傾向も出てきてしまいます。

しかし、これらはあくまで地のエネルギーが過多になった場合のことです。ですから、多すぎず、少なすぎず、適切なバランスで地のエネルギーを保つことが重要なのです。安定感と冒険心を両立させ、新たに挑戦することで、成長と満足感を得ることができます。

私たちは日々、忙しい生活の中でさまざまな感情や思考に囲まれています。仕事、家庭、社会的なプレッシャー、未来への不安など、私たちの心は常に動き続けています。

地の型とは、そんな私たちの内なる平穏を見つけるための道しるべとなるものです。それは、自分の呼吸に意識を向けることから始まります。深く息を吸い込み、ゆっくりと吐き出す。そのくり返しを通じて、私たちは現在の瞬間に集中し、心を静めて安定させることができます。

もし、森林の中を歩く機会があれば、足元の土や草、木々の根っこに意識を向けてみてください。そこには地の力が息づいています。その力を感じ、自分の心と共鳴させることで、私たちはマインドフルネスを深めることができます。

日常の中でも、少し立ち止まって地のエネルギーを探してみるようにしましょう。そこにはきっと心の安らぎが待っているはずです。

もちろん、マインドフルネス禅を通じて大地の力を取り入れることは、ビジネスパーソンにとっても良い影響をもたらします。まず、身体的な感覚に意識を向け、現在の瞬間に集中することで、ストレスや不安を軽減し、心の平穏を保つことができます。このような心の安定は、あらゆる面での土台となります。ビジネスにおいても集中力や創造性を高めるだけでなく、意思決定の質と速さを向上させる助けとなります。また、冷静で穏やかな心は、自己管理能力や人間関係の改善にもつながり、組織全体の効率や生産性を向上させることが期待されます。ビジネスにおける成功には心の安定やバランスが不可欠であり、地の型の実践は、ビジネスパーソンにとっても有益なのです。

地の型が必要なのはこんな人

地の型の実践はいわば人としての土台作りにあたりますから、すべてのマインドフルネス禅初心者にとって必要なものです。しかし、特に地の要素が欠けていて、やるべき必要がある人というのは、心身が常に落ち着かず、緊張状態にあって硬くなっているような人です。地の要素が十分にある人というのは一つのことがしっかりできる人です。その逆で、足りない人には地の雑念が入ります。それはいろいろなものに手を出して落ち着きがなくなるような雑念です。例えばそれがビジネスパーソンであれば、職を転々としているような人だとか、あちらこちらのセミナーに行っているけれど、どれもこれも中途半端になってしまうような人は、地の雑念が多い人です。

このような状態にあると、日々のストレスやプレッシャーによって、心身のバランスを崩しやすい傾向にあります。さらに、集中力の低下や判断力の鈍化、人間関係の悪化など、多くの問題が生じる可能性があるため、要注意です。

地の型のマインドフルネス禅を実践することで、これらの人々は、心身の緊張を和らげ、落ち着きと安定を取り戻すことができます。地の雑念をなくしていくことで、いわゆる地に足がついた状態になります。これによって仕事の効率が上がり、人間関係が改善され、生活の質が全体的に向上することが期待されます。

地の型の目指すところ

マインドフルネス禅は、雑念や日常のストレスから心身を解放し、内なる平穏とバランスを取り戻すための呼吸法、瞑想法ですが、このなかでも特に「地の型」は、自律神経を整え、心身をリラックスさせて落ち着いて思考する状態、つまり「地に足のついた」状態を生み出すことを目指しています。

日常のストレスや緊張が自律神経のバランスを乱し、不調を引き起こすことがあるということは、知られているところだと思います。しかし、自律神経とはなんなのかをきちんと把握している人は意外に少ないと思います。

自律神経とは、私たちの体にある神経系の一部で、意思とは無関係に働いて体の機能をベストに保つべく制御をしています。体温や呼吸の維持、発汗や食べ物の消化といった、生命の維持に必要なことは、自律神経の働きによって行われているのです。

この自律神経は「交感神経」と「副交感神経」の2種類からなり、互いにバランスをとりながら体の状態を整えています。交感神経は日中起きているときや緊張しているときに優位になり、副交感神経はリラックスしているときや寝ているときに優位になります。つまり、朝から日中は活動をして夕方から夜は休息をとる、人間はそういった自然のリズムをつくって活動しているということです。本来なら日の出とともに起きて、日没とともに眠るようなことができれば自然のリズムにかなった理想的な生活ができるのでしょうが、現代人でそれを実行するというのはほぼ不可能です。ですから、マインドフルネス禅のように自律神経を整える方法をうまく活用して、自ら自律神経を整えようとしていくことが必要なのです。

自律神経が乱れてくると、体や心にさまざまな悪影響を及ぼし始めます。

具体的には、まず、交感神経が優位になると、体はストレス反応を引き起こし、心拍数が上がり、血圧が上昇します。これにより、心臓や血管への負担が増大し、循環器系の疾患リスクが高まる可能性があります。また、副交感神経の活動不足は消化器系の機能低下や免疫機能の低下を引き起こし、さまざまな病気や不調の原因となります。

さらに、自律神経の乱れは心理的な側面にも影響を与えます。交感神経が過剰に活発になると、ストレスや不安感が増大し、心理的な疲労やうつ症状の発現リスクが高まります。また、副交感神経の働きが低下した場合、リラックスや休息が難しくなるため、睡眠障害になったり、疲労感が生じたりすることがあります。

このように、心身の健康のために自律神経を整えることは必要不可欠なことなのです。特に、日々忙しく働くビジネスパーソンにとって、まさに心身の健康は資本です。自律神経を整えるだけでも、体の基本的な機能が適切に働いて、病気のリスクを低減できますし、ストレスにも対処できるようになるのですから、大きなメリットがあります。そして、自律神経がバランスを保つことで、集中力や記憶力が向上することが期待され、パフォーマンスのアップにも寄与してくれます。また感情の制御にも関与しているため、感情を安定させて落ち着いた思考ができることは、ビジネスパーソンがプロフェッショナルな業務を遂行することにも役立ちます。

また、自律神経は、日常生活の中でちょっとした工夫をするだけでも、バランスを整えることができます。例えば、朝は太陽光を浴びることで体内時計が整い、副交感神経から交感神経への切り替えがスムーズになるといいます。ラジオ体操やウォーキングのような疲れない程度の適度な運動も体を活動モードにしてくれます。またこれらは幸せホルモンのセロトニンの分泌を促すので、ポジティブに一日を始められることにもつながります。

逆に夜は寝る1時間くらい前にぬるめのお風呂にゆっくり入ると副交感神経が優位になり、良い睡眠にもつながるといわれています。ただし、熱いお湯に入ってしまうと交感神経が優位になってしまうので、要注意です。

地の型は、深い呼吸により、心身のリラックスと緊張の緩和を促し、自律神経を整えることに役立ちます。さらに、瞑想のひとときは自己観察と内省の時間でもあります。自分の感情や思考に気づくことから自己成長を促進します。

地の型を修めると何事にも動じない落ち着きが出る

「目を星に向け、足を地につけよ」（Keep your eyes on the stars, and your feet on the ground）と言ったのは、アメリカ合衆国第26代大統領のセオドア・ルーズベルトです。星のある空くらい高い志や目標を持ちながらも、浮足立つことなく、落ち着きを持って一歩一歩を着実に歩むことの大切さを語った名言です。高い目標や夢を叶《かな》えるには、現実に根差した地道な努力が大事ということです。

私たちの人生は波瀾《はらん》万丈です。平凡な日々を送っているように見えていても、実際にはさまざまな試練や困難に直面していることが多いものです。また、ビジネスでは特に、予測していなかったような問題が起こったときにも動じることなく、冷静に対処できるかどうかがビジネスパーソンの評価の分かれ目にもなってきます。しかし、地の型を修めることで、どんな状況でも動じず、地に足のついた状態を身につけることができ、冷静に判断ができるようになります。

この「何事にも動じず、地に足がついた状態」というのは、具体的には安定感や自己認識に加え、現実的な視点を持っている状態を指しています。この状態は、生活面やビジネス面においてさまざまな利点があることは明らかです。

まず生活面では、自分自身や周囲とのつながりに気付き、自己肯定感を高めることができます。過去や未来にとらわれず、現在の瞬間を大切にし、感謝の気持ちを持つことで、心の平穏や豊かさを実感することができます。また、自己認識を深めることで、自らの強みや課題を把握し、自己成長につながっていきます。

ビジネス面では、冷静な判断やリーダーシップを発揮するうえで非常に重要です。現実的な視点を持ち、状況を客観的にとらえることで、問題解決能力や戦略的思考を高めます。また、他者とのコミュニケーションにおいても、誠実さや信頼性を示すことができ、チームの結束力や業務効率を向上させることができます。さらに、地に足がついた姿勢でビジネスを展開することは、変化に柔軟に対応し、持続可能な成長を実現するうえで不可欠です。安定感と自己認識は、生活面やビジネス面などのあらゆる場面でポジティブな影響をもたらすことが期待されます。

ビジネスパーソンにとって、心と体をコントロールし、バランスを整えることが、成功するための鍵になります。地の型を修めることで、どんな状況でも動じず、冷静に対処できる力を身につければ、それを達成することができます。

瞑想法・呼吸法

●90秒のプレパレーション

1. リラックスできる姿勢をとります。座禅のように床に座って胡坐を組むのでもいいですし、椅子に座るのでも構いません。また、立ったままでも大丈夫です。自分がいちばんリラックスできる姿勢をとります。
2. 丹田を意識し、「あ〜」という音を、低い大きな声で7秒間出します。雑念を払うようなイメージで行いましょう。これを3回くり返します。
3. 90秒間、瞑想をします。

90秒の間、なんの雑念も入らずに問題なく瞑想ができたなら、次の段階へと進みましょう。逆に雑念が入ってしまうようであれば、瞑想は一旦諦めて、軽い運動をするなど、別の方法で雑念を払ってから再び臨むようにしましょう。

●地の型の呼吸法「12・6・6の呼吸法」

12・6・6秒周期の呼吸とは、ブッダも行っていた呼吸法になります。より簡単に深い瞑想状態に入ることができるものです。

1. リラックスできる姿勢をとります。椅子に腰をかけた状態であれば、足の裏だけはしっかり床につけておいてください。
2. 目を閉じ、心を落ち着けます。意識は目と目の間に向けます。もしそれが難しければ、人差し指で、目と目の間を3秒ほど押さえてください。
3. 12秒かけて口からゆっくりと息を吐きます。1つの数が1秒くらいの長さになるよう、心の中でゆっくりと数を数えます。このときは特に吐くほうに意識を向けましょう。

4. 6秒かけて鼻から息をゆっくり吸います。

5. 6秒間呼吸を止めます。

この呼吸法を毎日3回やるようにします。そのうち慣れてくれば、もう少し回数を多くするといいと思います。集中するためには、以下の2つに注意を向けてください。最初に丹田で、次が背骨の位置です。ただし、これはある程度瞑想に慣れている人の場合です。初心者はまず何よりもリラックスすることを第一に心がけましょう。背筋を伸ばすことに気をとられてリラックスができなければ、あまり効果はありません。

さらに地の呼吸法のバリエーションとして、「忍法呼吸法」というものがあります。これは瞑想というよりも、心と体のバランスを安定させ、精神的にも身体的にも動じにくい状態を作り出す効果があります。

1. 立った状態でリラックスした姿勢をとります。
2. 踵《かかと》を上げてから、ストンと下ろし、次に両手の人差し指と中指を立てて、左手の指を右手で握るようにして印を結びます。時代劇などで忍者がやるのと同じ形です。
3. そのまま両手を上に上げながら息を深く吸います。
4. そして息を吐きながら両腕を胸まで下ろします。

これによって精神の落ち着きだけでなく、体の軸がしっかりと安定し、押されたくらいではビクともしなくなります。また誰かが持ち上げようとしても簡単に持ち上がらない重量感が生まれます。

●地の型の瞑想法「カウント瞑想法（数息観《すうそくかん》）」

すべてのベースとなる地の型では、瞑想法としては最もベーシックな「カウント瞑想法」を行っていきます。これは数を数えながら瞑想するというものです。この瞑想法を座禅では「数息観」といって、呼吸に意識を集中させ、息の出入りを心の中で数えて、心身の調和を目指すものになります。瞑想法としては極めてシンプルでありながら、実はとても奥が深く、座禅の初歩でありながら、究極でもあるといわれたりしています。瞑想初心者はどうしても頭の中を空っぽにしようとしても、浮かんでくる雑念を追いかけてしまいがちなのですが、数を数えることによって雑念にとらわれにくくなり、集中力が出るのがこの瞑想法の特徴です。

---

1. リラックスできる姿勢をとります。足裏など、床に触れている部分を意識します。
2. 目を閉じて、ゆっくりと深い息をします。
3. 1回の呼吸でゆっくり1から10まで数え、少しぼーっとします。

これを最初のうちは3回くり返して、終わったあとに瞑想に入ります。できれば初心者でも10分くらい、この瞑想ができるようにしたいものです。しかし、いちばん大事なことは毎日続けることです。うまくできないからといって諦めず、3分でもいいので毎日続けてみるようにしましょう。

●地の型のリラクゼーション法

地の型のリラクゼーション法としては、大地や自然に直接触れるものが多くあります。なかでもいちばん私が推奨しているのは、森林浴です。やはり森林という空間に入ってマイナスイオンに包まれ、清浄な空気を直接取り入れることで、心身が大いに癒やされます。ストレス状態も緩和され、エネルギーも回復しますし、自律神経も整うなど、その効果は絶大です。

とはいえ、都会で働くビジネスパーソンにとっては少し遠出ができる休日ならともかく、なかなか本格的な森林浴をするというのはハードルが高いと思うかもしれません。

森林浴よりも、もう少し手軽にできるのが、アーシング、またはグラウンディングと呼ばれるリラクゼーションです。これは体と大地とが直接つながる健康法になります。具体的には、靴や靴下を脱いではだしになり、直接地面を踏みしめます。足で直接大地という自然を感じながら、自分の体に滞留している電気を放出させるというものです。現代人はスマートフォンやパソコンなど電子機器を多用しているため、体内に電気が溜まりやすいといわれています。冬場などの乾燥している時期に手にビリッと電気を感じるような経験をした人も多いかと思います。主にその放電をして、体内のバランスをとることを目的に行われているようですが、足を解放させ、足から直接大地のパワーを取り入れるという面でも有効な健康法です。もちろん海辺や河原などでもいいですが、このアーシングならば、都会にいても公園や庭のような芝生や草むら、もしくは土のあるところで簡単にできると思います。心を落ち着かせ、疲労回復や精神の安定にもつながりますし、血流が改善し、自律神経やホルモンバランスが整う効果が期待されます。

さらに、ビジネスパーソンがオフィスの中にいてもできるものということであれば、ただ少しの間、はだしになって足を解放させるだけでもいいです。一日中ずっと靴の中に押し込められて固まった状態の足をリラックスさせることで、全身に解放感が行き渡っていきます。もしできれば、オフィスの床でもいいのではだしで歩くと血流も良くなるのでもっといいです。足の裏を意識して、そこから大地のパワーを感じるようにイメージしてみましょう。心身が整うだけでなく、エネルギーも回復してくるはずです。

地の型は足を意識して行うのが基本です。歩くときには足裏を意識して早足で歩くことを心がけてみましょう。

水の型 行雲流水
ありのままに変化を受け入れる

水のような柔軟さであらゆることに対応

地の型ですべてのベースとなる落ち着きを得たら、次に取り組むべきものが「水の型」です。水というのは常に流動的であり、形を変える性質であることから、変化を受容できる、ありのままの状態を指しています。

五輪塔で水を表す水輪は地輪の上にあって、円形（球体）をしています。座禅する人の形を模した五輪塔にあって、水輪は胴体の部分にあたります。足に相当する地輪に並んで、体の基礎を構成する部分ということになります。また、地輪と水輪だけは本体、つまり実在界の形であり、その他の火、風、空は変体、つまり現象界を表しているともいわれ、区別されることがあります。いずれにせよ、水の要素というのは地と同様に、極めてベーシックな部分だということです。

そして、この水の型で意識すべきは、五臓の中心である丹田（下丹田）になります。おへそから指3、4本分下のところにある丹田は、人体の生命活動にも密接に関連しているとされる重要な部位です。

宮本武蔵が著した『五輪書』の冒頭にくる地之巻では、己の道を示し、自らの剣術の基本的な考えをまとめていました。これに対し、水之巻になると、心身のあり方、使い方が書かれています。

これにより、宮本武蔵は水を手本として心身を使っていたことが分かります。水の性質を考えてみれば、水は自由に形を変えることができるだけでなく、温度によっては固体（氷）になったり、気体（蒸気）へと変わったり、実に変幻自在で柔軟です。これはどんな状況においても対応できるという柔軟な姿勢を身につけるということにつながっていきます。

さらに武蔵は、私たちが日々の生活を送る中でも、また戦場で直面する厳しい状況の中でも、常に「水の心」を保つことが極めて重要だと強調しています。この「水の心」は、心が広く、まっすぐ、開放的で、一貫性があること。そして、過度に緊張したり、逆にリラックスしすぎたりすることなく、常にバランスを保っている状態のことを意味しています。

これが、どんな状況に直面しても心の平穏を保つことができるように、心の状態を自己コントロールするための重要な指針となっていたのです。これは、現代を生きる私たちにも大いに取り入れるべき姿勢となります。


水の型は、これら水の特性を取り入れて、自己の思考を柔軟にし、変化に対応できるようにする瞑想法になります。これは、私たちの日々の生活や人生だけでなく、ビジネスにおいても非常に有用なスキルとなり得ます。

まず、人生における利点について考えてみましょう。人生は常に変化し、予期しない出来事が起こることがあります。このような状況では、固定的な思考パターンや行動パターンに固執すると、問題解決が難しくなることがあります。しかし、日頃から水の型の瞑想を実践して、自己の思考を柔軟にして変化に対応できるようになっていると、困難な状況にも適応し、有効な解決策を見つけることができます。また、自己の感情をコントロールして、ストレスを軽減する助けにもなります。

次に、ビジネスにおける利点について考えてみましょう。ビジネス環境は日々、急速に変化しています。新たな技術や市場の動向、競争状況などすべてが刻々と変化し、私たちは常に新しい課題に直面しています。このような状況においても、水の型の実践によって、自己の思考を柔軟にし、変化に対応できるようになっていると、新たなビジネスチャンスを見つけ、競争においても優位を保つことができます。

水の型は、人生やビジネスなどのあらゆるシチュエーションにおいて、多くの課題に対処していくための強力なツールとなります。それは、自己の思考を柔軟にし、変化に対応できるようにすることで、困難な状況に適応し、有効な解決策を見つける能力を高めてくれます。このようなスキルは、現代の高度に変化する世界で生き抜くためには不可欠といえるでしょう。

もう一つ、水には流動性という特性があります。これは多くの重要な意味を持っています。まず、水は流れるという性質を持っており、それは水がどんな形状の容器にも適応できるという適応性を意味します。それと同時に、例えば容器がいっぱいになったら水があふれ出ていくように、水が障害物を回避したり、新しい道を見つけたりする能力も示しています。人間がこの特性を取り入れると、困難な状況に対応したり、新たな解決策を見つけたりする能力を高めることができます。そして、水には途切れることなく流れ続けるという連続性があります。これは、一貫性や持続性といったことを示しています。これを取り入れることにより、目標に向かって努力を続ける持続力を持つことができます。

さらに、水の流れはエネルギーを持っているということにも重要な意味があります。それは水車を動かしたり、電力を生成したりするほどの力になります。これは、すなわち私たちが行動を起こすための動力になることを示しています。

以上のように、流れる水には適応性だけではなく、連続性、エネルギーといった重要な特性があることが分かります。これらの特性は、人間が自己の思考や行動をより良くするための有効な手段となるのです。

経営の神様といわれる松下幸之助は、「水は流れ、人は進化する」と、言ったそうです。水は流れることで新鮮さを保ち、逆に流れがなくずっと滞留している状態では腐ってしまいます。人間もそれと同じで、絶えず流れていくこと、つまり日々進化していくことが重要という意味の名言です。

また、戦国時代の武将、黒田官兵衛が残したといわれるもの（諸説あり）に「水五訓」というものがあります。水の性質を通して、人の生き方を説いたもので、現在でも多くの企業経営者などが座右の銘にしている名言です。

一、自ら活動して他を動かしむるは水なり
二、障害にあい激しくその勢力を百倍し得るは水なり
三、常に己の進路を求めて止まざるは水なり
四、自ら潔うして他の汚れを洗い清濁併せ容るるは水なり

五、洋々として大洋を充たし発しては蒸気となり雲となり雨となり雪と変じ霰《あられ》と化し凝《ぎょう》しては玲瓏《れいろう》たる鏡となりたえるも其《その》性を失はざるは水なり

現代の言葉にして、これらの意味を考えてみると次のようになります。

一、水は自らが流れていくことによって、周りの物を動かし、運んでいきます。これは、ビジネスではリーダーシップに例えられます。絶えず流れる水のように自ら動いて模範を示すことによって、周りの人をひっぱっていこう、つまり、率先垂範が大事という意味になります。

二、水は障害にぶつかったとしても、その際に力を蓄え、増していく様子から、たとえ障害や壁といった逆境に遭い、苦しいときもじっと耐えて努力を続けていくことでそれが大きな力になっていく、という意味です。順調に流れている水の流れもダムという壁によって遮られることもあります。しかし、その内には力を溜め込んでおり、放水されたときに巨大なエネルギーとなります。

三、水はどんな環境の中でもその流れを止めることなく流れていきます。人も流れを止

めることなく、信じた道に向かって動き続けていこう、自ら道を切り拓いていこう、ということです。

四、嫌いな人だからといって、その人を追いやったりせずに、良いところを見つけてともに頑張ろうという意味です。川の流れをイメージしてください。川は、脇から濁った水が注がれてきても、何もいわずに受け入れます。社会にはさまざまな人がいます。どのような人でも排除することなく、まずはその人の長所を見つけて活かすことを考えましょう、ということです。

五、水は蒸気となって雲や雨にもなるように、温度の変化や入れ物の形によって実にさまざまに変化しますが、その本質は変わることはありません。人もまた、自然の理に沿って物事を考え、柔軟に変化し、与えられた環境の中でいかに成長できるかが大切だという意味になります。

この水五訓は、現代を生きるうえでも参考になることの多い名言だと思います。メディアというものが今のように存在していない時代には、偉大な先人たちは水のようなものからインスピレーションを得るなど、自然を手本に生き方を考えていました。なかでも水の持つ柔軟性、エネルギーなどは取り入れるべき要素として、多くの人がその言葉に残しています。

水の型とは、このような性質を持つ水の要素とつながることで、変化にも対応できる柔軟な姿勢を保つことや、目の前のことを受け入れてポジティブに思考するための実践として適した瞑想法と呼吸法になります。

水の型が必要なのはこんな人

宇宙の万物を構成する五大のなかでも、水というのは生命の源です。古代ギリシャ哲学者のタレスは「万物の根源は水である」と言いました。生命は栄養として水を必要としており、そのほとんどのものが水分を含んでいます。このような理由から、タレスは水が自然界の起源であると考えたのだと思います。

水分というのは、空気を吸うことと同じで、ほとんどの人が、ただ喉が渇いたから飲む、というように、何げなくとっているものだと思います。そして、水の型というのも、地の型同様にベーシックなものであり、水の要素は誰もが適当なバランスで持っておくべきものになります。ですから、特に初心者は地の型の次に必ず実践すべき型がこの水の型なのです。

しかし、なかでも特に水の型の実践を多く必要とする人というのがいます。具体的には、ネガティブ思考にとらわれていて、自分を見失っているような人。とりわけ被害妄想に陥っているような人は、この水の型を重点的に行ってみるのがいいと思います。ただし、水の場合は多すぎても同様に枯れてしまいます。ですから、バランスがたいへん重要なのです。

ネガティブ思考の反対であるポジティブ思考については、その思考がポジティブな現実を引き寄せるとして、今、世の中にあふれている自己啓発本などにもよくみられる考え方です。私も講演などでは、たとえ現実はつらくても心は強く、前向きに物事をとらえようと語っています。とはいえ、現代のような先行き不透明な時代ではなかなかポジティブになるのも難しいという人もいて当然だと思います。頭ではポジティブになりたいと思っていても、ついついネガティブに引っ張られてしまう人もいるはずです。

ネガティブ思考に支配されるとさまざまなものが次々とネガティブに思えてきてしまうという、いわば負のループにハマってしまうことがあるのもまた事実です。その理由の一つに人の脳の仕組みが挙げられます。そもそも人の脳というのはネガティブに引っ張られるようにできているものなのです。これは、ツァイガルニク効果と呼ばれる心理現象によるもので、人の脳には達成できたことや完成したことより、未達成のことや失敗したことのほうが記憶に残りやすいのです。

さらに幸せホルモンの一つであるセロトニンは、心の安定には欠かせないものですが、ストレスの多い生活をしていると分泌されにくくなってしまいます。セロトニンが減少すると不安感が増し、ネガティブ思考に陥りやすくなるのです。また、周囲の人がしょっちゅう愚痴を言っているなどのネガティブな言動をしているようだと、まるでそれが伝染するかのように影響を受けてしまうこともあります。

このようにネガティブな思考に陥ってしまう要因はいくつもあります。しかし、陰があるから陽があるように、ネガティブがあるから、またポジティブがあります。その2つは切っても切れない表裏一体なのです。ですから自分の中にネガティブな思考があったとしてもそれは当然のことであり、ネガティブ思考をすべて排除できないからといって決して自分をダメだとは思わないことです。そんな感情や思考をありのままに受け止め、そこから、ポジティブないいことへ目を向けていく努力をしてみることです。

そのための強力な手助けとなる手段として、またネガティブ思考の連鎖に陥らないためにも、水の型を実践していき、水の要素が持つエネルギー、そして目的に向かって柔軟に対応できる力を取り入れていきたいものです。

水の型の目指すところ

水の型では主に以下の2つを目指しています。最初は、ネガティブな思考などを水の力で浄化すること。そして、そこから対応力や適応力のある柔軟な思考の状態を生み出していくことです。

まず、浄化について考えてみたいと思います。日本語には「水に流す」という表現があります。これは、過去の出来事や問題を許す、または忘れることを意味する比喩的な表現です。しかし、もちろんこの表現は、実際の水の性質と無縁ではありません。流れていく水は常に前に進み続け、過去のものを持ち続けることはありません。したがって、「水に流す」という表現は、過去の出来事や問題を後ろに残し、前に進むことを象徴しているのです。

例えば、ある人がほかの人に対して何か間違いを犯したとき、被害に遭った人が加害者を許し、その出来事を「水に流す」ということがあります。これは、その出来事を忘れ、関係を修復し、前に進む意志を示しています。ただし、ある状況では、問題を解決せずに無視することを指す場合もあるので注意が必要ですが……。それでも、「水に流す」ことは、過去を乗り越えて心を浄化し、前向きに進むための美しい比喩といえるでしょう。

同様に、ネガティブな思考を水に流して浄化するというのは、心理的なメタファーですが、この表現は、水が清める力を持っているという古代からの信念に基づいています。水は、その流れる性質によって、不純物や汚れを洗い流し、物事を元の状態に戻すと考えられています。

日本においては古くから、水には浄化の作用があると考えられてきました。例えば、皆さんも新年の初詣などで神社に行く機会があると思いますが、神社仏閣の入り口や参道の脇には必ず手水舎《ちょうずや》という、水盤と柄杓《ひしゃく》が置かれているようなところがあります。そこで手や口を、水を使って清めることで邪気や穢《けが》れを祓《はら》い、その後参拝をするというのが神社での参拝の作法になります。神道においては神社の敷地というのは聖域になりますから、清浄な心身で入らせていただくのが礼儀だということです。古代の人々はこうした聖域に入る前には周辺を流れる川や海で身を清めていました。水の力で全身を清めることで、神聖な場所へ入ることが初めて許されていたのです。これがいわゆる禊《みそぎ》ということです。伊勢神宮には御手洗場というかつて五十鈴川で身を清めていた場所の名残がありますので、見たことがある人もいると思います。また、世界遺産に登録されている玄界灘に浮かぶ沖ノ島は、島全体がご神体といわれており、令和になった現在でも誰もが入島できるわけではなく、それが許された者でも、海水で禊を行って身を清めたあとでなければ決して上陸することはできません。古くからの風習がいまだに脈々と続いているのです。現代ではこのようなごく一部の例外を除いて、禊を簡略化した手水という、手と口を清める手水舎が生まれて定着したというわけです。
手水舎では物理的に手についた汚れを洗い流すだけと思っている人も多いように思いますが、このようないわれを知ると、それだけの意味ではないということが分かると思います。仏教ではここから身口意《しんくい》の三業《さんごう》を清めるといいます。身口意とはその文字からも分かるように、体と言葉と心の行いを表します。つまり身口意を清めるとは、身体的な行い（身）、言葉で表す行い（口）、心に思う行い（意）の3つを正し、整えていくことです。次に神社に行くときにはぜひこれらのことを思い出してほしいと思います。静かな心で丁寧に手水を行うことは水の型の目指すところと共通しているからです。

浄化ができたら次に目指すべきところが、対応力や適応力のある柔軟な思考というところになります。水は極めて変幻自在で、コップに入れればコップの形になりますし、ペットボトルに入れればペットボトルの形になりますし、その器次第で形は自由に変わります。四角い容器に入っていた水を丸い入れ物に入れ替えたからといって形が変わらずにフィットしないなんてことは絶対にありません。水の型で水の要素とつながり、取り入れていくことで、そういった柔軟性、臨機応変に対応できるフレキシビリティを養うことができます。

ただし、ここで一つ気を付けなければいけないことがあります。それは「水の雑念」についてです。これはどういうことかというと、雑念によって水が流れていかない、滞ってしまうということです。水は流れているからこそ新鮮さが保てるのであって、同じ場所にずっと居続けてしまったら、腐ってしまいます。たとえ川に汚染された水が流れ込んでも、圧倒的な水流によってそれらが徐々に希釈されて、やがて浄化されていきます。もしもその流れが雑だったら、汚れたままの流れになるかもしれません。そしてもしも流れが完全に止まってしまっていたら、汚染はその場にとどまることになり、いつまで経っても汚染されたままということです。これを人に落とし込んだ場合、いつまでもその場に念がとどまる、つまり執着を手放せない状態ということになるのです。

執着とは、一つのことに心がとらわれてしまい、そこから離れられないことを指します。しがみつくような気持ちです。例えば、お金に執着するとか、とっくに別れた昔の恋人に執着するとか、そういういい方をすると思います。仏教において執着というのは

「しゅうじゃく」と読み、これが不幸や苦しみを生む原因とされています。執着を持っている限り幸せにはなれないのです。なぜなら、宇宙にある万物は諸行無常であり、常に移り変わっていきます。未来永劫《えいごう》まったく変わらないものなどというのはこの世に存在しません。それなのに、永遠に変わらないものがあると信じてそれにすがってしまうことは苦しみを生むだけなのです。一般的に、年齢を重ねてくると欲はだんだん薄くなってくるものなのですが、最後まで残るのが執着ともいわれています。しかし、執着心は手放すべきものです。それを可能にするためにも雑念を排除して、自分の中の水の要素を同じ場所で滞留させない、流すということをしていかねばなりません。

「水は高きより低きに流れる」ということわざのように、水が高いところから低いところに流れていくというのは自然の理です。そう思えば常に水を流しておくというのは簡単そうに思えるかもしれません。しかし、作家の山本周五郎はこう語っています。

「水を流そうと思うなら流そうと思う方を水の在る場所より低く掘らねばならぬ。『流れよ！』と云った丈（だけ）では水は流れはしない」

これは水を流すというような比較的簡単に思えることでも、その仕組みをつくるまでには自助努力ということをいっているのだと思います。口で言っているだけで行動しなければ、水も流れていきません。同様に、マインドフルネス禅もまずは実践すること、そして日々続けることに意味があります。

水の型を修めるとどんなときにも自然体でいられる

水の型は、水のように流れる心を育む方法です。ネガティブな感情を水の力で浄化し、柔軟で適応力のある思考をもたらします。そこから、ありのままの自分を受け入れることができるようになり、幸福度を高めることにも貢献できるものです。

水の型を実践していくことで、次のようなことが期待できます。

水の型の瞑想には心の浄化を促す効果があります。雑念や日常のストレス、ネガティブな感情を浄化し、クリアな思考をもたらします。水のように流れる心は、過去の出来事や未来の不安にとらわれず、今現在に集中できる状態を意味しています。水の型の瞑想は、このクリアな心を育む手段となります。また、水の型の瞑想は、自己受容と自己理解を促進します。水がありのままの姿で流れていくように、自分自身を受け入れ、自己評価を改善してくれるのです。自己受容とは、他人との比較から解放され、自分の弱点や欠点を受け入れることでもあります。これによって、どんなときでもありのままの自分自身、つまり自然体でいられるようになります。そして、水が障害物を避けて流れるように、水の型の瞑想は柔軟性と適応力を高めます。固定的な思考パターンから解放され、柔軟な思考を育むことができます。変化に対しても柔軟に対応できるため、ストレスを溜め込むことがありません。

これらの要素が組み合わさり、水の型を修めることで、どんな状況でも自然体でいられるようになります。常に自然体でいられる人というのは、精神的な強さを持っている人です。突発的に起こるような変化に対しても、決して固定的な思考パターンにとらわれず、新しい状況に柔軟に適応します。柔軟性というのはビジネスにおいても非常に重要な問題解決能力を高めて、ストレスを軽減します。

さらに自然体でいる人は、感情を調整しやすいのも特徴です。怒りや不安などの感情も自らコントロールして冷静に対処できます。感情のコントロールは、人間関係や仕事においても強さを発揮する要因になります。そして、自己信頼度も高く、自分の能力を信じて、困難に立ち向かおうとします。これは成功への道を切り拓く力となっていきます。

この水の型を修めることは、生活面ではもちろん、ビジネス面でも活かすことができ、大いにメリットがあることなのです。

瞑想法・呼吸法

●90秒のプレパレーション

地の型のときと同様に、本格的な水の型の呼吸法、瞑想法を行う前に、90秒間の瞑想を行って、自分のコンディションについてセルフチェックをしてください。雑念が多すぎる場合は、軽い運動をするなどしてから臨むようにしましょう。

●水の型の呼吸法「丹田呼吸法（腹式呼吸）」

すべての水の型の呼吸法、瞑想法を行う際、常に意識したいのは胴体の部分、おへそから指3、4本分下のところにある丹田です。古くから日本では丹田はエネルギーの源とされており、いわゆる「おなかに力を入れる」というのは、この丹田のことを指します。武道や舞踊などの芸事においても、この丹田は非常に大切な部位と考えられています。

丹田呼吸法は次の3ステップで行います。

1. 椅子や床に座った状態で背筋を伸ばします（初心者は無理のない範囲で行いましょう。背筋を伸ばすと上半身が緊張してしまうようならリラックスできる姿勢を優先させます）。次に、肩の力を抜いて下半身が安定するように座り、軽く目を閉じて、右手または両手を丹田に当てます。
2. 丹田を膨らますように意識して、鼻から息を4秒で吸います。
3. 丹田をへこませるように意識して、口から息を8秒で吐きます。

この「丹田呼吸法」はとてもシンプルではありますが、たくさんのメリットがあります。第一に、酸素を多く取り込むことができるので、血液循環が改善されるということ。

内なる水が動き出すことで、新陳代謝が活発になるだけでなく、眠っていたパワーもみなぎり始めます。血液循環が向上することは、ダイエットや美肌効果にもつながります。

また、丹田呼吸により横隔膜の上下運動が促進されます。これによって内臓に刺激を与え、内臓の動きを活性化させます。

●水の型の動的な瞑想法「滝行」(冷水シャワーで代用可)

滝行は、滝の下で水に打たれながら精神統一することで、心身を浄化してリセットするものです。私が住職を務めている寺院には、多くの人がもっと手軽に滝行が行えるようにするために、人工の滝をつくりました。自然の滝でなければ効果がないというわけではありません。むしろ人工の滝のほうがメリットは多いくらいです。まず、滝行において最も効果が高いといわれている14℃に温度設定ができること。また初心者や上級者などで滝の水の量を加減できること。もちろん、滝まで安全に移動できることも人工の滝の利点です。

2000年に学術誌「International Journal of Circumpolar Health」に発表されたとこ

ろによると、14℃の冷水による滝行は、覚醒ホルモンに影響を与え、代謝率は350％アップ、ノルアドレナリン濃度は530％アップ、ノルドーパミン濃度は250％アップするということが示されています。これはつまり、14℃の冷水による滝行は、体の自然な防御機構を活性化させ、ストレス解消や集中力、そしてやる気の向上のサポートになるということです。

しかし、滝行を行うことはなかなか難しいという人も多いと思います。その場合は、冷水シャワーを使います。水温は14℃になるべく近いことが望ましいです。毎週1回、1分程度で十分な効果が得られます。ただし、急に冷水を浴びると体に負担がかかるので、特に心臓病を患っている人は心臓発作などのリスクに注意をしなければなりません。自分の体調や健康状態を考慮して適切な方法で行いましょう。

●水の型の静的な瞑想法「ヴィパッサナー瞑想」

これはブッダも実践していたといわれるインドの古い瞑想法で、ヴィパッサナーとは「観察する」を意味します。集中する対象をあえて定めず、そのとき心に浮かぶ事象をありのままに観察する手法です。感情のコントロールができるようになり、幸福度を高める効果があります。

ヴィパッサナー瞑想は次の方法で行います。

1. 床に胡坐をかくか、椅子に座り、できる人は背筋を伸ばします。手は膝の上にそっと重ねて置きます。
2. 目を閉じて、鼻から息をゆっくり吸い込みながら、鼻先を意識します。空気が鼻腔《びこう》を通る感覚を最も得やすい場所を1つ決めて、そこで呼吸の空気の流れを感じましょう。
3. 空気が入ってきたこと、そして出ていくことを鼻先の一点で感じ、そして呼吸をしていることを意識します。この作業をひたすらくり返します。
4. 途中で思考や感情が湧いたら、また鼻先の呼吸に意識を戻します。

ヴィパッサナー瞑想は、自然体のまま、やむことなくくり返される呼吸の流れに意識を

集中させることで、心を制御する力をつけていきます。水の流れのようにあるがままに事実を受け止めることでストレスを軽減し、ポジティブ思考になっていくことで、結果的に幸福度も上がっていくのです。

その他のリラクゼーション法

水の型のリラクゼーション法としては、水に浮くという方法が挙げられます。最近では専門の施設もあり、フローティングセラピー、ウォーターセラピーなど、さまざまな呼び方をされていますが、広いプールなどで、ただ水に浮かぶことができればよいのです。そもそも人間の体は水に浮くようにできていますから、泳げなくてもほとんどの人が簡単にできるはずです。ただ水に身を任せ、力を抜いて浮いているだけで、ほんのひととき重力から解放され、浮遊感を覚えてリラックスできます。深い瞑想に入ることもでき、心の浄化作用が期待できます。

もう一つ、ビジネスパーソンがオフィスなどでも手軽にできるメンタルのエクササイズがあります。ネガティブな気持ちを「水に流す」というイメージをすることです。

これは、心の中のネガティブな思考を視覚化して、それを流れる水に託して浄化するというイメージを使います。例えば、ストレスや不安を感じたときに、静かな場所で目を閉じ、深呼吸をしながら、自分の中のネガティブな感情や考えが水に流され、遠くへと消えていく様子を想像するのです。これにより、心が落ち着き、リラックスした状態に導かれていきます。

これは、心の中のネガティブなエネルギーを手放し、新たな始まりを迎えるための一つの方法です。この場合の「水に流す」という行為は、心の中で行う精神的な浄化のプロセスです。このようなメンタルなエクササイズを行うことで、日常生活におけるストレス管理や感情のコントロールに役立ちます。

火の型 進取果敢
内なる情熱に火をつけ積極性を高める

火のエナジーがやる気の原動力

地の型、水の型に続いて取り組むべきマインドフルネス禅は「火の型」です。マインドフルネス禅では、地、水、火の3つの型が極めて重要な基礎の部分となります。ここまでしっかりマスターして初めて、次の段階が待っています。

火の型は、主に内なるエネルギーと情熱を引き出し、やる気とモチベーションを高めるための呼吸法、瞑想法になります。これらの方法は、火の象徴的な性質を活用して、自己啓発と自己変革を促します。

地の型で心の落ち着きを取り戻し、水の型で柔軟性を身につけ、そして火の型でモチベーションをアップさせるというのが、マインドフルネス禅のベースとなります。

火の使用が人類に文明をもたらしたといわれるくらい、私たちの暮らしを便利にし、生活するうえにおいて欠かせないものが火です。そして、火というのは、その性質と特性により、多くの象徴的な意味を持つ要素でもあります。

例えば、火はエネルギーを生み出し、熱を放つという性質があります。寒い夜に暖炉の火が体を温めてくれますし、食材に熱を加える調理ができるのも火が利用できるおかげです。ただし、こういった物理的な意味での熱エネルギーだけでなく、火は人の情熱や活力、エネルギーを象徴するものとしても解釈されることが多くあります。

また、火は明るい光を放ち、暗闇を照らし出すことができます。電気の発明以前、人々は火の明かりなしには夜道を歩くことすらできませんでした。ここから転じて、啓示や知識、洞察力を意味するようなこともあります。また、火の明るさは目立つため、注意を引く象徴ともなります。

さらに、火には物を燃やす炎という力があります。それはつまり、木を灰に変え、水を蒸気に変えるなど、物質を別の形態に変える力ということです。また、火は古いものを焼き尽くし、新しい生命のための場をつくり出す力も持っています。このようなことから、火は変化と変容の象徴、もしくは、浄化と再生の象徴と解釈することもできるのです。

このようにさまざまな性質を持つ火ですが、そのなかでもとりわけ重要かつ本質的な特性というのが、火が熱を生み出すパワー、エネルギーを持っているという部分です。この特性は、比喩的に、人々が行動を起こすための動機付けや、特定の目標に向かって進むための欲求を意味することがあります。例えば、上司が部下にモチベーションを出させようというときに「やる気に火をつける」といったり、好きな人ができたことを「恋の炎を燃やす」とか「ハートに火がつく」などと表現したりすることもあります。もしくは私たちの生命そのものを「命の火」と表現するときもあります。つまり、火は、私たちが何かを達成しようとするときに必要なエネルギーと情熱を表しているのです。

火の要素が足りない人というのは、心の中の火が燃えていないということですから、具体的には、物事に対するやる気や積極性が不足している状態を指します。これは、自分自身の目標に向かって進むための火、つまり、内なるエネルギーと情熱が不足している状態だということを示しています。

火の型は、このような状況を改善するための呼吸法、瞑想法を提供しますが、具体的には、気の流れを改善することで、モチベーションや積極性を高めることを目指します。水の型で血液の流れを巡らせたあとは、火の型で気を巡らせるのです。

気の流れとは、特に東洋医学で重要視されているものですが、体を動かすための本質的な生命エネルギーが体内を流れるパターンを指し、これがスムーズであることが、健康で活力に満ちた生活を送るための鍵とされています。気の流れが滞ると、エネルギーが体内の特定の部位に集中してしまい、そこに痛みや不快感が生じることがあります。また、気の滞りは精神的な面にも影響を及ぼします。気の流れが悪いと、ストレスが溜まりやすくなり、イライラや不安感が増すことがあります。

火の型は、この気の流れを改善し、心と体のバランスを整え、内なる火を燃やすことを助けます。その結果として、普段の日常生活においてもビジネスにおいても、自分自身の可能性を最大限に引き出し、目標に向かって進むためのエネルギーと情熱をもたらす重要なツールとなります。

ただし、火の要素は必ずしもポジティブなことばかりではないので注意が必要です。火には制御が難しく、放っておくと破壊的な力を持つという一面があり、危険と破壊の象徴ともされることがあります。これはほかの要素にもいえることですが、多く持ちすぎることで雑念が生じます。そしてもちろん少なすぎてもやる気やパワーが出ないのでダメだということです。火の要素を、自分に合ったちょうどいいバランスで持つことを心がけるのが重要なのです。

五輪塔で火を表す火輪は下から3番目にあり、その基盤となる地輪と水輪の上に載っています。その形状は三角形（または屋根形、笠形）をしています。五輪塔は座禅を組んだ人を表しますが、火輪の位置は肩、胸といった上半身にあたります。そして、この火輪をつかさどるものは心臓、ハートになります。火の型を実践する際には、心臓を常に意識して行うようにしましょう。イメージができる人は、瞑想についても火や、その赤い色もイメージしながら行ってみましょう。

火の型が必要なのはこんな人

火は熱をつくり出す性質があり、そのことから転じて、何かをするための動機付けや欲求、熱意を持っている状態を指します。つまり、火の要素を必要とする人は、物事に対してやる気や積極性が欠如した状態にあるといえます。

このような状態にある人は、日常生活や仕事においても意欲が湧かず、目標を達成するためのエネルギーが不足しています。例えば、仕事に対する情熱や学習に対する興味が失われている場合、それは火が足りない状態であり、その結果として成果が上がらない、成長が停滞するなどの問題が生じます。

やる気や積極性を取り戻すためには、内なる火を再び燃やすことが重要です。その火の明るさで自分の行くべき道の先を照らし出し、自己の内側からその動機を見つけること、そしてそれを維持することが、再び熱意を持って物事に取り組むための鍵となります。

これらのことから、火の型が特に必要な人というのは、チャレンジをしない人、あらゆる面において活力が欠ける人ということになります。

私は企業研修を多数実施していることから、さまざまな企業の社員たちと接触する機会を多く得ています。各企業にはそれぞれ独自の企業風土や特徴が存在し、それぞれの個性があるものですが、最近共通してみられる現象として、特に若手社員のモチベーションの低下が挙げられます。実際に、すべてに無気力な社員も見てきました。ここまで活力に欠けると、まったく新たなチャレンジというものをしなくなります。

私は、人がチャレンジを避ける理由には、大きく分けて2つのパターンが存在すると思っています。この2つはまったく正反対の心理からくるものです。

第1のパターンは、楽をしたい、さぼりたいという気持ちからくるものです。これは、心理学では「労力回避」と呼ばれる現象で、人間は自然と労力を使うことを避けようとする傾向があります。これは、生物学的な観点から見ると、エネルギーを節約し、生存に必要な最低限の活動だけを行うという本能に基づいたものです。しかし、人類の進化の過程では役に立っていただろうこの本能も、現代社会を生きる私たちには、この傾向が逆に成長や発展を妨げる要因になっています。また、心理学者のジークムント・フロイトは、人間の行動が快楽を求め、痛みを避ける「快楽原則」によって動かされると主張しました。この原則に従えば、楽をすることは快適さや幸福感を得るための手段です。新しいことに挑戦することは、未知の結果や困難を伴うため、労力を使うことを避ける傾向が強くなるということです。

第2のパターンは、慎重すぎてしまい、怖くてチャレンジができないというものです。これは、「恐怖回避」ともいえます。どのようなことにおいても初めて経験することというのは多かれ少なかれ、恐怖が伴うものです。そして、人間は、不確実性やリスクを避ける傾向があります。これは、生物学的には、危険を避け、生存を保つための本能です。しかし、これもまた、新しいことに挑戦することを妨げる要因となります。未知の結果や失敗の可能性を恐れ、リスクを避けようとすると、新しいチャレンジを避ける傾向が強くなります。

今、自分が新たなチャレンジができずにいると感じたら、まずはこれらのどちらのパターンかを考えてみるといいと思います。もし、第1のパターンのさぼりたいという気持ちを感じるのであれば、マインドフルネス禅の五大のすべての要素が欠けている状態といえます。逆に、第2のパターン、チャレンジするのが怖いと感じるのであれば、それは地の要素が強くなりすぎていることも考えられます。もちろん、地の要素である落ち着きというのもチャレンジには必要です。ただしそれにもちょうどいい適切な量というものがあります。過ぎてしまうと動けなくなり、動くことに恐怖を感じるようになるのです。そのようなときに、仮に人に言われたからとか、自分の心はさほど望んでいないのにチャレンジをしたとしても、平常心として冷静な判断ができない状態なので、いい結果に結びつくことはほとんどありません。結果を出すためにも、火の型を取り入れて、地の要素とのバランスをうまく整えていくようにしていくべきです。

また一方で、部下たちがモチベーション不足で、なんとか仕事に対するやる気を出させたいと考えている上司というのも多くいると思います。実はその上司もまた、刻々と変化する現代のビジネス環境においては過去に経験した自らの成功体験も通用せずに戸惑っているような状態で、一昔前のようにその背中を見せるだけで部下たちを導いていくようなこともできなくなっているようです。

組織の成功というのは、部下たちのやる気とエネルギーに大いに依存しています。彼らに最高のパフォーマンスを発揮してもらうためには、まず心の平和と集中力が必要です。こんなときこそ火の型をうまく活用してほしいと思います。心を整え、内なる炎を燃やすことで、部下たちのパフォーマンスと生産性が向上する可能性があるだけでなく、彼らの幸福感と満足度も向上し、組織全体の雰囲気が改善されることが期待できるからです。

火の型の目指すところ

火の型では、火の要素とつながり、それをうまく取り入れていくことで心のエネルギーを燃やして気を巡らせ、そこからモチベーションを高めたり、積極的な姿勢を生み出したりしていくことを目的としています。

「心は満たされるべき容器ではなく、燃え上がるべき炎である」と言ったのは、帝政ローマ時代のギリシャの著述家、プルタルコスです。また、大ヒットした漫画、アニメの『鬼滅の刃』にも「心を燃やせ」というセリフが出てきました。
これらのフレーズは、人の心をエネルギーの象徴である火や炎に例えており、内面的な情熱や活力が強くみなぎってくるさまが視覚的にも理解しやすいと思います。

心理学的に見た場合、これは高い動機付けや自己効力感を示しています。動機付けには内発的動機付けと外発的動機付けの2つがありますが、「心を燃やす」という状態は主に内発的動機付けに関連します。この内発的動機付けというのは、自分自身の内側から湧き上がる興味・関心や向上心などによって動機付けられている状態のことを指し、持続的な努力や情熱を生む源となります。内発的動機付けの場合、報酬や評価といった外部要因を受けずに、自己の内面からの欲求や欲望を満たすために行動に移す傾向があります。例えば、好奇心や探究心を満たしたい、新しいことを学んだり、挑戦したりすることに喜びを感じる、仕事を通じて成長している実感がある、といったことなどです。内発的動機付けは、自らの意志が原動力となっているため、継続的な行動につながります。また、内発的動機付けがあれば、仕事でも誰かに指示されたり、報酬を目的にしたりしなくても、仕事自体を楽しみながら成果を出すことができるようになります。

一方の自己効力感とは、英語ではSelf－Efficacyといい、カナダ出身の心理学者、アルバート・バンデューラによって提唱された概念です。これは個人が自分の能力やスキルを信じて、特定の課題や状況に対処できるという信念や自信のことを指します。つまりは「自分ならできる」と思える状態のことです。自己効力感が高ければ、まず挑戦的な目標を設定し、それを達成するために努力する意欲が湧きます。また自分の能力を信じていると困難な状況でもストレスを上手に管理し、効果的に対処することができます。

生理学的には、心が燃えている状態では脳の報酬系が活性化され、「やる気ホルモン」といわれるドーパミンなどの神経伝達物質が脳内で活発に分泌されるようになります。これにより、快感や満足感が得られ、さらにやる気が高まるというポジティブなフィードバックが働きます。つまり、心を燃やして情熱が高まると、持続的に高いモチベーションを維持しやすくなるというわけです。

また、行動科学の視点から見ると、心を燃やすという状態は、目標設定理論に関連付けられます。目標設定理論とは、アメリカの心理学者エドウィン・ロック氏が提唱した、目標が人のモチベーションに及ぼす効果について着目した理論のことです。それによれば、明確な目標を持ち、それに向かって挑戦することで、個人のパフォーマンスは向上します。目標が具体的であればあるほど、達成感や成就感が得られやすく、これがさらにやる気を燃やす原動力となります。

そして社会的にも、「心を燃やす」と表現できるような、やる気や情熱を持って取り組む状態というのは、自己実現や成功を追求する姿勢として評価されます。一生懸命頑張っている人を見ると、人はつい応援したくなるものです。

火の型は、物事に対するやる気や積極性が欠如している人にも、クリアなマインドをつくり、気の巡りを良くしていくことなどから、モチベーションがアップした状態へと導くことを目指しています。これらは日常生活のみならず、ビジネスにも大いに役立つものです。火の型を毎日実践することによって、その効果を実感できるはずです。

火の型を修めるとエネルギッシュでパワフルに

火の型を修めると、心に火をつけた状態を維持することが可能になります。内なる炎を燃やすこと、特にある物事に対して激しく燃え上がる感情を持つことを情熱といいますが、数多くの著名な実業家たちは情熱を持つことの重要さに関する名言を残しています。

かつて、パナソニック創業者の松下幸之助はこう語りました。

「仕事をする、経営をする時になにがいちばん大事かといえば、その仕事をすすめる人、その経営者の、熱意やね。あふれるような情熱、熱意。そういうものをまずその人が持っておるかどうかということや。熱意があれば知恵が生まれてくる」

京セラの創業者、稲盛和夫は次のように言っています。

「強い思い、情熱とは、寝ても覚めても、24時間、そのことを考えている状態。自分自身の成功への情熱と呼べるほどの強い思いが、成功への鍵」

また、「人生・仕事の結果＝考え方×熱意×能力」、つまり人生や仕事の結果は、考え方と熱意と能力の3つの要素の掛け算で決まると考えていました。この中でも熱意というのは物事を成し遂げようとする情熱や努力する心を表しており、多少能力は劣っていたとしても、強い情熱があれば素晴らしい成果を上げられることを、幼い頃から挫折続きだった稲盛和夫は身をもって実感していたそうです。

さらに、スティーブ・ジョブズも、情熱の重要さを語っていました。

「情熱がたっぷりなければ生き残ることはできない」

「偉大な製品は、情熱的な人々からしか生まれない」

スティーブ・ジョブズは、これらの名言からも分かるように、情熱があるからこそ、製品を完成させるまでの忍耐力を持つことができると言っています。そして、それこそが優れた経営者とそうでない経営者を分けていると語っていたそうです。


情熱ややる気を持って物事に取り組むことがどれだけ重要かということが改めて分かったと思いますが、とりわけ、ビジネスパーソンには常にモチベーションを高く保つことが求められます。それには数多くのメリットがあるからです。

まず生産性の向上が挙げられます。モチベーションが高く、自分の仕事に対する情熱とエネルギーがあれば、より多くの仕事をこなし、より良い結果を出すことができます。つまり、仕事の効率と生産性が向上します。困難な状況や複雑な問題に直面したときにも、モチベーションが高ければ、解決策を見つけるためのエネルギーと創造性が湧いてくるものです。さらに、モチベーションが高いビジネスパーソンは、チーム内にポジティブな影響を与えます。そのエネルギーと情熱はほかのメンバーに伝染し、全体の生産性と士気を向上させます。また、顧客に対しても、サービスや製品の質を向上させるためにエネルギーと情熱を持って取り組むので、顧客満足度やビジネスの成功につながっていきます。そして、モチベーションが高いことは、新しいスキルを学び、新しいチャレンジを受け入れ、自己成長とキャリアの進展を促進する意欲にもなります。

また、最近では仕事で頑張りたいときの手軽なエネルギーチャージとして、エナジードリンクの類いを飲む人が多くいるようです。

エナジードリンクをよく飲む人々というのは、疲労感を和らげることや、集中力を高めてパフォーマンスを向上させることを目的に飲んでいるのだと思います。しかし、エナジードリンクの効果はごく一時的なものであり、長期的なエネルギーの供給や健康的な生活スタイルを支えるものではありません。

ここで、火の型が役立つことがあります。内なるエネルギーと情熱を引き出し、やる気とモチベーションを高めるための方法である火の型は、エナジードリンクが一時的に提供するエネルギーとは異なり、より持続的で健康的なエネルギーの源を自分の体の中につくり出すことを目指しています。

火の型を修めれば、よりエネルギッシュでパワフルに活動ができ、日々の生活やビジネスにおいて、より積極的で効果的な行動をとることが可能になります。

ただし、火の型を行ううえで、一つだけ気を付けなければいけないことがあります。火というものは正しく使っている分には私たちの生活にさまざまなメリットをもたらしてくれるものですが、決して扱いやすいものではありません。その制御は難しく、放っておくと火災なども引き起こす破壊的な力を持っています。火にはそういった性質があるという点を忘れてはいけません。

それと同じように、火の要素にも火の雑念というべきものがあります。火の雑念とは、心の中に燃え盛るような不安や欲望、怒りや憎しみなどの強烈な感情を指します。いわば雑念によってネガティブな感情に火がついてしまった状態で、放っておくのは大事になるかもしれず、危険です。これらの感情は、人間の心を乱し、集中力を奪い、内面の平和を乱す力を持っています。火の雑念が強い人は、自分の感情に振り回されやすく、自己中心的な行動をとることが多くなり、自己コントロールが難しくなります。また、強烈な感情によって心が乱れると、冷静な判断ができず、自己成長のための重要な決断を下すことが難しくなります。

こういった事態を未然に防いだり、解決したりするのもまたマインドフルネス禅なのです。すでに学んだ地の型、水の型を活用して、クールダウンを図ることもできます。最も重要なことは、自分の中に火の要素を多すぎず、少なすぎずの適切な量とバランスで持つことです。そのためにマインドフルネス禅を日々実践すること。すると次第に心も強くなり、雑念を寄せ付けないようになっていきます。また、実践を続けていけば、自分にとって地、水、火といった各要素のちょうどいいバランスというのも、体感で分かってくるようになります。

マインドフルネス禅の実践で重要なのはバランスです。言葉を換えれば〝調和〟といってもいいかもしれません。五輪塔に象徴されるように、各要素が完璧なバランスを保つことで精神が安定し、より高次の風、そして空の領域に近付けるようになるのです。

瞑想法・呼吸法

●90秒のプレパレーション

地の型、水の型と同様に、最初に90秒間の瞑想を行って、自分のコンディションについてセルフチェックをしてください。雑念が多すぎる場合は、すぐに本格的な呼吸法、瞑想法に入らず、軽い運動をするなどしてから臨むようにしましょう。

●火の型の呼吸法1「ハイパーベンチレーション」

ハイパーベンチレーションとは、過換気、つまり過呼吸のことになります。火の型では、やる気を出すときに1分程度行います。ただしやりすぎるのは危険なので、1分以上は絶対行わない、安全な場所を選ぶなどの注意を払い、くれぐれも無理をしないようにします。もしめまいなどがしてきたら、すぐに中止します。

ハイパーベンチレーションは次のステップで行います。

1. 安全かつ静かで落ち着いた場所を選び、座ってリラックスします。背筋を伸ばすなど、深呼吸がしやすい姿勢をとります。
2. 深く速い呼吸を行います。まず鼻から深く息を吸い込み、腹式呼吸を意識します。口を開けてゆっくりと息を吐き出します。次に速い呼吸を行い、これを数回（最大1分間）くり返します。

この呼吸を行っている間は余計な思考を排除し、心を静めます。呼吸に意識を向け、ほかのことを考えないようにします。

●火の型の呼吸法2「カパラバティ呼吸法」

カパラバティというのは「光る頭蓋骨」という意味になります。そこからも分かるように頭をすっきりさせることでやる気や活力を生み出します。別名「火の呼吸」ともいわれ、やる気や活力を生み出し、集中力を高める呼吸法です。

カパラバティ呼吸法は次のステップで行います。

1．両鼻から息を吸っておなかを膨らませます。
2．両鼻から強く一気に吐くときに、横隔膜を引き上げ、おなかをへこませます。
3．これを1秒1回のペースでくり返します。

なるべく肩の力を抜いて、息を吸うときは自然に行うことがポイントです。

●火の型の動的な瞑想法「スワイショウ」

スワイショウは手を放り出すように振るという意味の動的な瞑想です。体に溜まっている悪い気や雑念などが抜け、気と血の巡りが良くなる効果が期待できます。リズミカルな動きと呼吸、気の巡りでやる気を高め、気持ちの切り替えもできるようになります。

スワイショウは次の方法で行います。

1．足を腰幅くらいに開いてまっすぐ立ちます。腕は自然に下ろしておきます。
2．膝を軽く曲げます（膝を緩めて立つ感覚）。

3．肩の力を抜き、腕を前に上げてから、重力に任せて後ろに振り下ろします。
4．この動作をくり返します。

これは上下に手を振るスワイショウですが、左右に振る方法もあります。

1．上下の場合と同じように立ちます。
2．肩や腕の力を抜いて、背中を軸として腕を体に巻き付けるように左右に振ります。
3．膝の曲げ具合で負荷を調整しながら、この動きをくり返します。

スワイショウは、だいたい、3分くらいを目安に行ってください。やっているうちに無心になり、瞑想状態に入ることができます。

●火の型の静的な瞑想法「ローソク瞑想（トラタカ瞑想）」

ローソクを使ってその炎を見つめるだけというシンプルな瞑想法です。一点を凝視するという意味のサンスクリット語から「トラタカ瞑想」とも呼ばれます。刻々と姿を変えるローソクの炎を見つめて頭を空にすることで、心を落ち着かせ、集中力を増します。初心者でも入りやすい瞑想です。

ローソク瞑想は次の方法で行います。

1. ローソクを用意し、その前に座ります。ローソクの炎が消えないような風の少ない場所を選んで行いましょう。
2. 呼吸を整え、なるべく瞬きを少なくしてぼんやりと炎を眺めます。
3. 炎の変化をひたすら見つめ、呼吸を深めます。
4. これを5分程度行います。

終了したら、目を閉じて目を休ませるようにしましょう。また、実際の炎を扱いますので、ほかに燃え移ったりすることのないよう、安全な環境で行うようにしましょう。

ローソクの火は、私たちの心を癒やす効果があります。その理由は「1／fゆらぎ」と呼ばれる自然のリズムにあります。「1／fゆらぎ」の「f」はfrequency（周波数）からきています。世の中はさまざまな動きであふれていますが、それらは規則正しく運動しているように見えても実際には予測できない不規則な動きが含まれています。それらをゆらぎといっています。

1／fゆらぎは、音楽、自然現象、照明などさまざまなところで見られる現象で、例えば川の流れ、風の音、心拍などもそれにあたります。これが五感を通して、人間に心地よさや癒やしを与えるとされています。ローソクの火は、この1／fゆらぎを持っています。ですから、ただ火を見つめるだけでもリラックス効果があるのです。また、火は浄化作用を持ち、ネガティブな感情やストレスを和らげるほか、炎のゆらぎは心を落ち着かせ、瞑想や集中状態へと導く効果もあります。

その他のリラクゼーション法

火の型にあたるリラクゼーション法はたくさんありますが、その代表的なものがサウナです。サウナにはさまざまな健康効果があることはよく知られていますが、血流を亢進《こうしん》して、疲労を回復させたり、体を温めることで血管を緩めてリラックス効果を得ることができたりします。血と気の巡りを良くすることから、モチベーションアップにもつながります。またサウナのあとに水風呂に入ることによって自律神経のバランスが整います。これがいわゆる「サウナで整う」といわれる理由です。

私が住職を務める寺院にも、テントサウナを設置しています。テントサウナで心拍数を上げ、滝行で心拍数を下げます。この陰陽によって体が統合されます。そのあとで、横になって6分程度ゆっくりすると変性意識状態となり、ストレスから解放されて雑念が消えて、冴《さ》えている状態になるのです。

そしてもう一つ、やる気を出したいときに行うといいのが、「スーパーマンのポーズ」です。ウルトラマンのポーズということもありますが、これらは同じものです。

やり方はごく簡単です。床にうつ伏せになり、スーパーマンのように両手両足を上に上げるだけです。1分程度静止したあとは、手足を少し動かして筋肉をほぐします。このポーズはとても簡単ではありますが、実際にやってみるとかなり筋肉を使うことに気が付くと思います。この際にウルトラマンをまねて片方の拳を突き上げるポーズをしてみるのもいいです。スーパーヒーローと同じポーズをすることで、自分も強く勇敢になったようなエンパワーメント感や前向きな気持ちを感じられる人もいます。それはもちろんモチベーションを高めることにつながっていきます。

そのほか、瞑想以外にもやる気ホルモンのドーパミンを分泌させる手軽な方法があります。例えば、好きな音楽を聴くことです。これは科学的にも裏付けられている現象です。2011年に行われたカナダのマギル大学の研究では、被験者が好きな音楽を聴いているときに、脳内のドーパミンレベルが約9％上昇することがPETスキャン（ポジトロン放出断層撮影）と脳波計測によって確認されました。好きな音楽を聴くと良い気分になるのは、脳内で快感伝達物質ドーパミンが大量に分泌されているからだったのです。オリンピック中継などでアスリートが試合前などにイヤホンをつけて音楽を聴いている風景を見ることがあります。音楽で集中するということもあると思いますが、ドーパミンを分泌させてモチベーションを上げるという意味合いもあるに違いありません。

好きな音楽を聴くことのほかにも、日光浴をする、マッサージを受ける、コーヒーを飲むといったことでドーパミンは分泌されます。モチベーションが上がらないときなどのために、手軽にできる方法として覚えておくとよいと思います。

風の型 打成一片

集中力を高めパフォーマンスを上げる

風の型は人間レベルでの最高地点

ここまで皆さんは、地の型からスタートし、水の型、火の型と実践してきました。この3つの型は基礎であり、入門編および初心者編ともいえるものでした。しかし、次の風の型ではこれまでとはステージが変わります。これまでの基礎がしっかりできたうえでなければ到達できない中上級のレベルです。ですから、まず地、水、火それぞれの型を段階的にクリアしていき、雑念もかなり少なくなり、3つの型の要素をバランスよく持つことができた人のみが、風の型を修めることが可能になるのです。

また、この風の型を修めた先には、空の型があります。これについてはのちほどまた詳しく説明しますが、空の段階はすべての欲望や煩悩を超えてしまう悟りの世界に近く、一般の人々はほとんど到達ができないほどの難しい領域になります。したがって、ビジネスパーソンなどの皆さんにとっては、実質この風の型がマインドフルネス禅の最高到達点の領域であると考えていいと思います。


これまでの地、水、火という3つの型をひととおり修められたと思ったところで、まずこの風の型にチャレンジしてみるといいと思います。そこで、まだ自分には風の型は難しい、修められそうもないと感じたならば、これまでを振り返って、最初の地の型から順番にやり直していくか、自分の中に足りないと感じる要素の型を重点的にやるなど、基礎の振り返りをしてみましょう。そのあとにまたトライすると結果も違ったものになる可能性があります。

ただし、ここでまた注意が必要なのは、風の型というのは、一旦は会得することができたと思っても、そこに長くとどまることは難しく、すぐにまた元の段階に戻ってしまうことがあるということです。風の型の中にもレベルがあり、地、水、火に近いレベルから空に近いレベルまで何段階もあるのです。これらが今までの3つの型とはかなり異なる点です。風が吹くのは一瞬なのです。また風にあおられて遠くに飛ばされてしまうこともあります。するとまた基礎中の基礎にあたる地の型を一からやり直す、ということになる人も出てきます。

ここで、風の要素というのはどういうものか、改めて風の性質について考えてみたいと思います。

風には、不規則な動きと速さ、そして勢いのある流れを生み出す特性があります。そこから機動力や、成長、能力の向上を象徴するものとしてとらえることができます。風の動きは予測不可能でありながらも力強く、一瞬のうちに状況を変えることができます。これは環境が変わることで、そこから新しい可能性が生まれることも示しています。このような性質は、人々が新しい挑戦に立ち向かい、自身のスキルや知識を磨き、成長していく過程と重なります。例えば、風が吹くことによって樹木が揺れ、その根がさらに深く広がっていくように、個人や組織もまた、困難や変化を通じて強化され、より堅固な基盤を築くことができるのです。このように、風は、成長や向上、進化や発展を象徴する重要な概念なのです。

風を大きな空気の流れとしてとらえた場合、全体的な雰囲気を表すこともあります。例えば、会社では期待の新入社員が入ってきたときに「新しい風が吹く」といったりすると思います。あるいは、ビジネスが順調に運んでいるときなどに、「順風満帆」で推移している、自分や自社という帆に後押しする風が吹いていることを実際に感じた経験を持つ人もいるはずです。ほかにも、「彼の新事業は、市場の好況が追い風となり、急成長した」「彼女は生まれつきの病気という逆風にもめげず、常に前向きに生活している」といったように使うこともありますし、思ってもいなかった幸運に恵まれたときには「神風が吹いた」などというものです。ここからも分かるように、風の要素はこういった物事の流れに対して大いなる影響力を持っています。

ここで確認しておきたいのが、風の要素は、流れを生み出すという点で水の要素と共通していることです。ともに自然界の基本的な要素であり、風（空気）と水は、生命を維持するために不可欠なものです。そしてそれぞれ強いエネルギーを持っているという点も同じです。しかし、水は目に見える物質で質量があり、重力によって上から下方向へと流れます。また、水の流れは地形や障害物によって大きく影響を受け、それらの形状に沿って流れます。そして水は液体であるため、一定の体積を保ちつつ流れます。一方の風の流れは気圧差によって生じ、気圧の高い地域から低い地域に向かって流れます。しかし、その流れ方は水の流れとは異なり、風は気体であるため、水よりもはるかに軽く、流れる方向によって体積も変化してきます。より自由に方向や強さを変えるイメージです。したがって、風と水は同じ流動性という共通点はあるものの、変化や動きといった機動力があるのが風ということになります。

さらに、風は情報や叡智《えいち》などの、循環していく知識を象徴することもあり、風の要素には空の世界、つまり悟りに近いものがあります。ここでまた供養塔の五輪塔を思い出してほしいのですが、五輪塔で風を表す風輪は、上から2番目の部分で、半月形（半球）をしています。位置的にも、基礎となる地、水、火と、空をつなぐ場所にあり、流動性という似た性質のある水よりも、風は空のほうに近いということが分かります。そして一般的に土台の地輪、水輪、火輪の部分よりも風輪はかなり小さいものになります。

人が座禅をしている形を模している五輪塔にあって、風輪が表しているのは顔にあたる部分です。したがって、風の型を実践する際に、意識すべきは、視覚、聴覚、嗅覚といった五感を研ぎ澄ますということになります。

風は瞬間的な超パワーで吹き荒れる

風の型は、風の要素と深くつながり、その力強さと流動性を取り入れていく呼吸法、瞑想法です。これらは風の自由で不規則な動きを象徴とし、それを通じて集中力と創造力を格段に高めることを目指しています。

風は、その力強さと一貫性で、私たちの心と体に新たなエネルギーをもたらします。風のように、私たちの心もまた、一定の方向に向かって力強く流れることができます。この流れは、私たちのパフォーマンスを高め、新たな可能性を開く力となります。

風の型では、この風の力を最大限に引き出すための具体的な実践法を提供します。この風の型の実践に至るまでにすでに雑念やストレスといったものはかなり少なくなっているはずですが、そこにさらに風の持つ瞬間的かつ圧倒的なパワーを与えることにより、まさに異次元の超集中状態をもたらします。この状態に入ることによって、次から次へとアイデアが湧き出てくるような創造力が生まれ、パフォーマンスは最高に高まります。風の型は、このような経験を通じて、私たちの自己の可能性を最大限に引き出します。その結果、風のように力強く、自由に、創造的に生きることができるようになります。

この異次元の超集中状態を表す言葉の一つが、「ゾーンに入る」という表現です。これは、おそらくスポーツの分野で最も使われている言葉で、例えばオリンピックの選手が素晴らしいパフォーマンスをしたときなどに、「あの選手はゾーンに入っていた」といったりします。

ゾーンというのは、スポーツのみならず、仕事、学問などさまざまな活動において、極度に集中している状態を指します。この状態は、時間の感覚が薄れ、外部の雑音や気を散らすものが意識から消え去り、目の前の課題にのみ完全に没頭しているときに訪れます。

ゾーン状態の特徴としては、第一に高い集中力が挙げられます。目の前のタスクに対して全神経を集中させることができ、ほかのすべてのことを意識から排除します。この状態では、複雑な問題解決や高難度のスキルを必要とする作業でも、スムーズに行えるようになります。次に、時間の感覚を喪失するということも特徴です。ゾーンに入ると、時間があっという間に過ぎるように感じたり、逆に時間が止まったかのように感じたりすることがあります。これは、極度の集中によって、時間の経過に対する意識が希薄になるためです。同様に、自己の意識も喪失します。自分自身の存在や周囲の環境に対する意識が薄れ、完全に活動に没頭することができるようになり、これにより、自分のパフォーマンスを最適化することが可能になります。

そして最大の特徴が高いパフォーマンスを上げられるという点です。ゾーンに入っているときは、通常の状態では難しいと思われるタスクを、驚くほど簡単にこなすことができます。スポーツ選手が自己最高の記録を出したり、アーティストが傑作を生み出したりすることがよくあるのがこのゾーン状態のときなのです。

続いて、ゾーン状態がもたらす効果について考えてみます。まず、ゾーンに入ることで、タスクを迅速かつ効率的に遂行することができます。さらに集中力が高まることで、エラーやミスが減り、質の高い成果を生むことができるようになります。そして、創造力が増加します。完全に没頭することで、創造的なアイデアや革新的な解決策が浮かびやすくなります。芸術や科学の分野では、ゾーンに入ることで新しい発見や発明が生まれることが多いです。さらに、ゾーンに入ることで、ストレスや不安感が軽減されます。これは、タスクに完全に集中することで、心配事やプレッシャーを一時的に忘れることができるためです。

これまでゾーンに入った経験のない人には、深い瞑想状態とゾーン状態の違いが分からないと思います。ともに無心になり、自分の内に入り込むということではありますが、ここでその違いを明確にしておきます。瞑想とゾーンは、どちらも集中力を高めるための手法ですが、その目的と方法には違いがあります。

瞑想は、心と体を静め、自己の内面に意識を向けることで、リラックスした状態をつくり出すことを目指すものです。瞑想状態に入ると、非常にリラックスした脳波であるアルファ波からシータ波が発生します。また、瞑想は、自己の存在と人生の意味を理解することを重視しています。一方のゾーンは、最高のパフォーマンスを発揮するための極限の集中状態を指します。ゾーンに入ると、自己が消え、時間の感覚が失われることにより、行動と意識が一体化するといわれています。これはスポーツや芸術などのパフォーマンスを最大限に引き出すための状態です。

したがって、瞑想は内面への集中と自己理解を目指すのに対し、ゾーンは特定の活動における最高のパフォーマンスを目指すという違いがあります。しかし、どちらも心と体の調和と集中力の向上を通じて、より高い意識状態を追求するという共通点を持っています。

さらにゾーンとほぼ同義の言葉に「フロー」があります。心理学で使う言葉でもあり、私の経験ではアメリカではゾーンではなく、フローという言葉を使うことのほうが圧倒的に多いです。

フロー状態とは、ハンガリー出身の心理学者ミハイ・チクセントミハイが提唱した概念で、人がある活動に没頭し、全身全霊で集中し、時間を忘れて没入する状態を指します。この状態では、今行っていること以外はすべて忘れてしまうような領域に入ります。空腹や疲れ、感情や時間の感覚なども忘れるため、完全に集中した状態です。ほかのことがまったく気にならなくなることで、高いパフォーマンスを発揮できるとされています。

このフロー状態には「マイクロフロー」「ディープフロー」の2つの種類があります。マイクロフローは短期的で一時的なフロー状態を指し、比較的浅く、短い時間に起こるフローです。一方のディープフローは長期間かつ集中度が深いフロー状態を指します。フロー状態に入ることには、集中力が上がる、孤独感が減る、人間関係が良好になる、希望を持ちやすいなどのメリットがあります。しかし、注意が散漫にならない状態をつくる、明確な目標を立てる、挑戦と能力の釣り合いを保つなどのコツが必要で、これらを意識しながら取り組むことで、フロー状態に入りやすくなるとされています。このように、フロー状態になることで、最大のパフォーマンスを発揮できるといわれています。

このようにゾーン状態とフロー状態は、どちらも集中力が高まり、活動に没頭できる状態を指し、ほとんど同義に思えますが、若干の違いがあります。

フロー状態では、課題が難しすぎず簡単すぎず、自分の能力に見合っていることが重要で、適度な挑戦感や達成感を得られます。ですから、フロー状態は、課題に没頭して楽しみたいときに目指す状態といえます。一方、ゾーン状態は、自分の能力を最大限に発揮したいときに目指す状態を指します。時間的にもゾーンとディープフローの状態では違い、ゾーン状態は一時的な極限の集中状態で、ディープフロー状態の中に一時的に現れるものともいえます。ゾーン状態では、課題が自分の能力を無理のない範囲で超えていることが必要です。

ゾーンやフローはいずれも普通に生活をしているだけではめったに訪れることのない、超集中状態を指します。特にゾーンという言葉はスポーツ選手やアーティストのパフォーマンス向上という文脈で使われることが多いですが、ビジネスパーソンにとってもメリットは数え切れないほどあります。これらを適切に活用することは、ビジネスにおけるパフォーマンスの向上や新たなアイデアの創出などにつながっていきます。

風の型は、その呼吸法や瞑想から、日々の生活でも集中力や創造力を高めていき、このゾーンやフローといった異次元の超集中状態を提供する強力なツールになるものです。

風の型が必要なのはこんな人

風の型は、自己の内側にある無限の可能性に気付くための道しるべとなるような呼吸法であり瞑想法です。ですから、特に自分自身の能力や仕事にいまひとつ自信を持てない人々にとって、心の平静と自己確信を育み、パフォーマンス向上と創造性をもたらします。
ただし、風の型にチャレンジをする大前提として、これまでの地、水、火の型というマインドフルネス禅の基礎がすでにきちんとできていること、それらの要素をバランスよく持っていることが挙げられます。したがって、雑念もかなり減っていて、ある程度マインドフルネス禅を使いこなすことができている人ということになります。

ビジネスにおいて、成功している経営者だとか、企業のエグゼクティブやチームを率いているような優秀な人であっても、年がら年中自信満々でいられるわけではありません。

例えば、嫌なニュースを聞いたときとか、忙しすぎて脳疲労になっているようなときにはついいつもの集中力を欠いてしまうこともあると思います。

また、ビジネスパーソンとして十分優秀であり、周囲からも高い評価を得ているにもかかわらず、なぜか自分がきちんと仕事ができていないのではないかと自信を喪失したり、新たなチャレンジに恐怖を感じるといった後ろ向きの思いを持ったりすることもあるものです。プレッシャーというのは元来人を励ますようなポジティブなストレスなのですが、それに潰されてしまうこともあります。ここは気持ちを切り替えてプレッシャーを楽しむくらいのところにまで持っていければいいと思います。

こういう状態は大抵の場合、一時的な思いであることが多いのですが、これは「風の雑念」の影響を受けているのです。「臆病風に吹かれる」という表現で表されるようなケースもあります。風の雑念とは、自分の可能性を否定したり、何かを始めたいと思いながらも恐怖で前に進めなかったりといった心の動きを指す言葉です。風は自由に流れ、情報や叡智を運び、それらを循環させます。しかし、時にはその風が強すぎて、私たちの心を揺さぶり、自己信頼や行動を阻む雑念を生み出すこともあります。

さらに、風の型のような高いレベルを目指す人々にとって、風の雑念は、自己の可能性を制限し、自己の成長を阻む力となります。それは新たな挑戦や変化を恐れて行動ができなくなる、つまり現状維持に甘んじたいという心の動きとして表れることがあります。現状維持というのは本人にとってのコンフォートゾーン（居心地の良い空間）です。そこに居続ける限り成長することはありません。

このように、風の雑念は、自分自身の可能性を見失わせ、行動を制限する力となります。また、自分の能力を疑い、自分の価値を見失う原因ともなります。しかし、この風の雑念を理解し、受け入れ、それと向き合うことで、自分自身の内なる力と可能性を再認識し、自信を取り戻すことができるようになります。そのために必要なのが、風の型の実践だというわけです。

風の型の目指すところ

禅語に「八風吹不動（はっぷうふけどもどうぜず）」という言葉があります。これは、人の心を揺さぶる8つの事柄を風に見立てて、どんな風が吹こうとも決して動じない心を表しています。8つの風とは具体的には「利（利益）・衰（衰退）・毀（陰口）・誉（名誉）・称（称賛）・譏《そしり》（悪口）・苦・楽」です。これらを見ると分かるように、逆境だけではなく順境もあります。つまり、人の心を揺さぶる風というのは悪いことだけではなく、いいこともあるということです。人間には感情がありますから、これらに揺れることは仕方ありません。大事なのは、あまりにも一喜一憂しすぎないこと、これらの風にいっとき心を揺さぶられても必ず戻ってくることであり、きちんと自己コントロールをして、心を落ち着かせることができるかどうかです。

風の型を実践することは、心を落ち着かせるだけでなく、自己の内側にある力を引き出し、その能力を最大限に発揮するための道を拓きます。具体的には集中力と創造力を高め、パフォーマンスを急上昇させる状態を目指すものです。つまり、風の型によって、雑念を消し、心を一点に集中させることで、いわゆるゾーンやフローといわれるような、超集中状態へと導きます。この研ぎ澄まされた集中力によって、ビジネスなどの作業効率を格段にアップさせたり、創造力を刺激して、クリエイティブな発想力が湧き、新しいアイデアをどんどん生み出すことができるようになったりします。さらに、風で雑念を消し去ることで、内なる自信を取り戻すこと、新たなチャレンジへと一歩を踏み出し、自己成長を促すことを目指しています。

野球に例えれば、バッターボックスに立ったときにピッチャーの投げたボールがものすごくスローに見えたり、静止しているように見えたりしてジャストミートできるような状態が、いわゆる「ゾーンに入った」ということです。

また作家であれば、雑念を排除して集中することで、それまで悩んでいた展開がバッと開けて新しいアイデアが湧き、一気に執筆できるような状態です。

ただし、この状態は風が永遠に吹き続けるものではないように、そう長くは続くものではありません。短ければほんの一瞬ということもあります。逆にいえば、自分でも気付かないうちに一瞬だけその超集中状態に入ることができている場合もあるということです。

この風の型を実践することで得られる超集中状態については、どういったものか、私自身の経験から説明しましょう。

今、私は瞑想をすることで、ほぼいつでもこの超集中状態に入ることができます。とはいえ、やはりたまには入れないこともあります。例えばSNSで嫌な投稿を見てしまったとか、仕事で面倒な電話がかかってきたとか、そういった悩み事があって雑念が湧いてしまった場合です。

私にとってはゾーンといういい方よりも、フローというほうがしっくりくる感じがします。なぜなら、フロー（Flow）というのは英語で流れという意味ですが、この超集中状態には下に落ちていくような感じがあったり、常に流れるような動きを感じたりするからです。だいたい3分から20分くらい、水の中に長く潜っているかのような状態で、実際には息をしているのでしょうが、ずっと息を止めているかのように感じ、息ができなくなった時点で覚めてしまいます。

やはりこの超集中状態というのは、素晴らしいメリットをもたらしてくれます。もちろん雑念がなくなって頭もクリアになりますし、マインドフルネスの心地よさと幸福感などで心が満たされていきます。また風の型では、五感を研ぎ澄ますことを意識していますから、身の回りにあるさまざまな要素に敏感になり、そこから閃《ひらめ》きがたくさん湧いてくるようになります。

仕事の面でいうならば、いろいろな情報が入ってくるけれど、何が自分にとって有効なものか、そうでないのかがすぐに分かります。ですから取捨選択が極めて速くなって業務効率がアップするという実感があります。また、成功に向かっていく道筋というのが、最初は点で見えているものが、そのうち線となってはっきりと見えてくるようになるのです。こうなるともう成功というゴールまで一直線という状態になります。

例えば、私の寺院には滝行ができる人工の滝があるわけですが、そのアイデアが浮かんできたのも、この風の型でフロー状態に入っているときのことでした。これだけのストレス社会の中で働く皆さんの心身をリフレッシュしてもらい、クリアなマインドになってもらうためにも、滝行が安全で手軽にできる場所があっていいと思ったわけです。実際にこれまでとても多くの皆さんに滝行というものを経験してもらい、その素晴らしさをお伝えすることができています。

風の型の訓練によりこの風の域に到達できるのですが、フローの状態に入るには、もちろん雑念がない状態で、脳がクリアになっていることが前提条件です。そのうえで必要になるのが訓練と経験、そのほかにもう一つ、プレッシャーのようないいストレスです。それらがそろって初めて、フローに入れるのです。

プレッシャーやストレスというとマイナスのイメージが強いものですが、決してそうではありません。適度なプレッシャーがなければ、それを跳ね返すための自分の能力を発揮することもできませんし、自らの成長も望めません。ストレスも同じで、自分にとってマイナスに働く要素があればこそ、それに負けずに乗り越えようとする意欲が湧いてくるものです。そしてその意欲が実力以上の結果をもたらします。

だからこそフローに入るためには、「ポジティブなプレッシャー」と呼ぶべきものが必要なのです。

もし今の自分にはプレッシャーになるものがないと思ったら、それはコンフォートゾーンにいるということになります。そこに甘んじていては、風の域に入ることはできませんから、積極的に自らのモチベーションになるものを探してみる必要があります。現状維持ではなく、成長を続けていくには常にチャレンジをし続けていなければいけないのです。

そして、忘れてはいけないことは、五感を意識することです。無意識にするよりも意識していたほうが効果は倍増します。例えば筋肉トレーニングを行うときにも、どの筋肉を鍛えるかを意識して行うだけで、結果はまったく違うものになります。それと同じように、風の型では五感を常に意識して実践するのです。五感が研ぎ澄まされた状態になることで、なんとなく答えが見えているという状態に入ることができます。

風の型を修めるとオールマイティな能力を得られる

風の型は、到達するのもたやすくはないうえに、風の域に入ることができてもその状態を維持することがさらに難しいというものではありません。しかし、特にこのフローやゾーンのような超集中状態を得ることは、さまざまな利点がありますから、チャレンジしていく価値は十二分にあります。

例えば、ビジネスパーソンが風の型を修めてフロー状態に入ることには、以下のようなメリットが考えられます。

集中力の向上……フロー状態に入ることで1つのタスクに深く集中することができま

す。これにより、仕事の効率と生産性が大幅に向上します。

創造性の促進……フロー状態は創造性を刺激し、新しいアイデアや解決策がどんどん浮かんでくるようになります。これは、ビジネスの問題解決やイノベーションに非常に有益です。

満足感の向上……フロー状態は、達成感や自己実現感を高め、仕事に対する満足度を向上させます。これは、職場のモチベーションとエンゲージメントを高めるのに役立ちます。

ストレスの軽減……フロー状態は、ストレスを軽減し、心地よい作業環境をつくり出します。これは、長時間の作業でも疲労感を軽減し、バーンアウトを防ぐのに役立ちます。

学習とスキルの向上……フロー状態は、新しいスキルを学び、既存のスキルを磨くのに最適な状態です。これは、ビジネスパーソンが自己成長を続け、キャリアを発展させるのに役立ちます。

とてもメリットの多いフロー状態ですが、それを達成し維持するためには、適切な環境、準備、そして練習も必要です。しかし、このフロー状態を最大限に活用することができれば、どんなことでも可能になるような、オールマイティな能力を得られる気持ちになれます。

この、人の内なる能力を限界まで引き出す、フロー、もしくはゾーンという超集中状態を発揮すれば、スポーツや芸術のみならず、ビジネスなど、さまざまなジャンルでの活躍が可能になります。もちろんスポーツでも芸術でもある程度の経験は必要ですが、どんな人でもフローには入れるので、雑念さえなければ風の型は決して難しいものではありません。ゾーンやフローといった状態に入りやすくして、その人の限界を超えるような力をもたらしてくれるのが、風の型なのです。しかし、ゾーンやフローといったその状態は長くても20分、短ければ1分ほどでなくなってしまうというところが注意点です。特にその超集中状態での思考や閃いたものというのは、捕まえないと逃げていくのも速いものです。忘れないうちに、すぐに紙に書き留めておいたほうがよいと思います。内容の整理はあとでもいいので、とにかく書いておくことです。そうしないと夢のように忘れていってしまいます。

瞑想法・呼吸法

●90秒のプレパレーション

これまでと同様に、まず90秒間の瞑想を行って、自分のコンディションについてセルフチェックをします。

またゾーンやフローといった超集中状態に入るためには目的意識を持つなどして自分にプレッシャーをかける、良いストレスを与えることも必要になります。そのうえで聴覚、嗅覚といった五感を意識して行います。

●風の型の呼吸法1「ウジャイ呼吸法」

胸式呼吸の一種で、喉を締めて行う呼吸法です。体を温め、集中力アップや、エネルギーのコントロールによる自信の向上などの効果が期待できます。

ウジャイ呼吸は次の方法で行います。

鼻から息を吸って鼻から吐きます。その際、喉の奥から「シュー」という摩擦音を鳴らしながら息を吐き出していきます。

●風の型の呼吸法2「息長（おさなが）」

忍者が使っていたといわれる呼吸法の一つで、次のように行います。

1．鼻から細く息を吸います。
2．それを、ゆっくり時間をかけて弱く細く吐き出します。

慣れるまでは結構きつい呼吸法になります。忍者は鼻の先に小さい短冊のような紙を貼り付けて、それをできるだけ揺らさないように訓練していたそうです。この呼吸法ができるようになると、感覚が鋭敏になり、リラックス状態を長く保つことができるようになるとされ、そこから集中力アップが期待できます。

●風の型の瞑想法「ボディスキャン瞑想」

五感を使って、自分の体をCTスキャンするかのように、身体的な感覚を観察していく瞑想法です。自分の体の状態やコンディションに気付く力を高めることができ、集中力アップにもつながります。

ボディスキャン瞑想は次の方法で行います。

1. 椅子に座るなど、リラックスできる姿勢をとり、深呼吸をします。
2. まず、自らの呼吸を観察し、その次に頭を意識し観察します。
3. 続いて、肩→胸→腹筋→腰→脚→ふくらはぎ→足首→足の甲の順に観察します。
4. 最後に体全体を観察します。
5. 深呼吸をしてゆっくり元に戻ります。

その他のリラクゼーション法

忍者の呼吸法である息長と同様に、「印を結ぶ」という独特の手の動作も、忍者が集中力を高めて精神統一をする際に用いていたものです。有名な忍者の印に「九字護身法」があります。「臨（りん）・兵（ぴょう）・闘（とう）・者（しゃ）・皆（かい）・陣（じん）・列（れつ）・在（ざい）・前（ぜん）」と唱えながら、それぞれに対応した形を両手でつくり、印を結ぶというものです。三重大学大学院医学系研究科、小森照久教授の研究によると、この印を結ぶ動作をした直後の10分間ほどはアルファ波が増強し、リラックスと集中力が高まることが分かったそうです。ただし、10分経過後は徐々に交感神経が優位になっていくので、印を結んだ直後の戦いに適しているというものです。いわゆるこの10分間がゾーン状態につながっていくものだと考えます。

また、雑念が消えて集中力アップをもたらしてくれるものに「音浴」があります。シンギングボウルやクリスタルボウル、音叉《おんさ》といった楽器による倍音や音波振動を全身で浴びるように聴くというものです。倍音とは、基本となっている音の複数倍になっている振動のことで、音が何重にも重なっているような複雑な音を奏でます。これらには「1／fゆらぎ」があるとされ、深い癒やし、集中力、浄化といったヒーリング効果が期待できます。

そして、「書く瞑想」ともいわれているジャーナリングも集中力や創造力を高めてくれるものです。ジャーナリングとは、自分の思考や感情を書き出していく手法のことです。具体的には一人で静かになれる環境で紙とペンを用意し、10分なら10分と時間を決めて、一つのテーマについて書き続けるというものです。テーマは「今年の目標」とか「理想の未来」など、ポジティブなものが推奨されます。誰かに見せるものではありませんから、自分の素直な気持ちをありのままに書いていくことがポイントです。そこから自分が今どういう感情を抱いているのか、自分の思考や考え方といったものに対する理解も進みます。ジャーナリングは、集中力アップに寄与するものとして、アメリカのGoogleのリーダーシッププログラムに採用されて注目を集めました。

空の型　無念無想

無我の境地にたどり着く

空の型は五大の最高位にして人を超えたステージ

マインドフルネス禅において、一般レベルの人が目指すべき到達点は風の型になりますが、その上のステージとして最高位の「空（くう）の型」というものが存在します。

「空」は、この空間にあるすべての存在、動き、運びを包括する性質であることから、空の型は、自分の周りのものすべてと調和し、物事をスムーズに進めている状態を指します。しかし、これはまさに人智を超えた超人のステージです。すなわち、ここに到達できる人はごくわずかの限られた人のみということになります。また、風の型からは地、水、火の型のレベルに戻るようなこともありましたが、この空の領域にまで到達することができたら、後ろに戻ることはありません。

宇宙を構成する5つの要素を表した供養塔である五輪塔でも、空を表す空輪は宝珠形で表され、いちばん上に位置しています。人が座禅をする形を模した五輪塔において、空輪は頭、すなわち頭脳にあたる部分となります。宝珠形とは先端の部分が尖っている珠の形のことであり、宝珠は仏教では願いを叶えてくれる仏の徳の象徴ともいわれます。またその色は宇宙のすべての色を含む一切色とされており、空輪は故人を宇宙に還元し、極楽浄土に往生させる役割を果たすといわれています。このように、これまでの地、水、火、風の4要素とはその意味も役割もかなり異なっていることが分かると思います。

この「空」というのは、仏教や東洋哲学においては極めて重要な概念です。同じ空と書いても「くう」と読むか、空っぽの「から」と読むかで、その意味は違ってきます。空（くう）とは、何もない「無」を意味するわけではありませんし、「0（ゼロ）」ともまた異なる概念になります。

空（くう）は、すべての存在や現象が独立して存在するのではなく、互いに依存し合い、常に変化するものであるという考え方を表します。これは、すべての現象や行為（諸行）は常に変化し続け、永遠に同じ状態ではないとする、仏教の基本的な教えの一つである諸行無常とも一致しており、物事には固定した本質や実体がなく、すべてが相対的であるということを示しています。例えば、一つの花は土、水、光、空気などがそろって初めて存在します。それらの条件がなければ花は存在できません。このように、空（くう）はすべてのものが互いに依存し合い、独立した存在ではないという理解を意味します。

しかし、一方の空（から）は直感的な意味であり、何もない状態を指します。具体的には、容器が中身を持たない状態や、心が何も考えていない状態を表します。空っぽのカップは中に何も入っていない状態ですし、また、心が空っぽのときは、何も考えていない、感情がない状態を指します。簡潔にいえば、空（くう）は実体がない存在を示し、哲学的な観点から深い意味を持ちますが、空（から）は直感的な意味で「何もない状態」を表します。この2つは異なるという点は理解しておきたいものです。

また、無というのは、存在そのものが完全に欠如している状態や、何もないことを意味します。哲学や宗教においては、無はあらゆる存在や現象の完全な消失を表すことがあります。例えば、「無限」とは限りがない状態を指し、「無知」は知識がまったくない状態を意味します。無は、存在や現象の完全な不在を示すものです。

さらに、ゼロというのは、正でも負でもない実数で、何も存在しないことを表します。数学的な概念であり、数や量が存在しないことを意味します。例えば、「0個のリンゴ」は、リンゴが一つもない状態を指します。ゼロは具体的な数量を表すための記号であり、数としての存在がないことを明示的に表現しています。このように、それぞれの概念には違いがあります。

たとえ仏教にあまり詳しくない人でも、「般若心経」に出てくる「色即是空、空即是色（しきそくぜくう　くうそくぜしき）」という言葉は聞いたことがあると思います。これは、仏教の言葉で最も大事なものの一つである「空（くう）」の意味を理解し、この世の苦しみから解放される一歩になるとして般若心経に記されているものです。そして、物事の本質についての深い理解を示した言葉でもあります。

色即是空の「色」とは、私たちが普段使っているカラー（Color）の意味ではなく、具体的な形や現象、物質的な世界を指します。私たちが目で見たり、手で触れたりできるすべてのものが色に含まれます。空は、先ほど説明したように、すべての存在や現象が独立して存在するのではなく、互いに依存し合い、固定した実体がないという意味です。つまり、色即是空とは、物質的な形や現象（色）は実体がなく、すべてが相互依存して変化し続けるものである、ということを意味します。つまり、見えるものや触れるものも、実際には空であり、固定した実体を持たないという理解です。

空即是色は、その逆の意味を示しています。つまり、空（固定した実体がない状態）は、具体的な形や現象（色）として現れる、ということです。空の概念は抽象的で理解しにくいのですが、それが具体的な形や現象として現れることで、私たちはその存在を感じ取ることができます。

つまり、色即是空とは、私たちが見たり触れたりできるすべての物質的なもの（色）は、実際には固定した実体を持たず、相互依存し合って存在している（空）ということであるのに対し、空即是色は、固定した実体がないという概念（空）は、具体的な形や現象（色）として現れることで私たちに理解されるということになります。

この教えは、物質的な世界とその背後にある本質的な真理が相互に関連していることを示しており、どちらも切り離して考えることができないということを教えています。つまり、物質的な現象とその背後にある空の理解は、互いに補完し合うものであるということです。

空の型が必要な人は解脱を求める

空の型は、地、水、火、風の４つの段階を経て、さらに無我の境地のその先を目指す状態を指し、宗教家や実社会を超えた世界を求める人に合った瞑想になります。

空の域というのは、例えていえば、絶対平等、絶対比較しない、まろやか、円、喜怒哀楽のない穏やかさ、波が全然打っていない海。つまりは涅槃寂静《ねはんじゃくじょう》の世界なのです。

涅槃寂静とは、仏教における究極の境地を示す言葉です。

まず、涅槃というのは、サンスクリット語の「ニルヴァーナ（Nirvāna）」の音訳で、「吹き消す」という意味があります。これは、煩悩や苦しみの火が完全に消えた状態を指し、仏教においては、煩悩や執着から解放され、心が平静で安らかな状態を意味します。そして、寂静とは、「静けさ」や「安らかさ」の意味で、心が静まり、なんの煩いもない状態を指します。すなわち「涅槃寂静」とは、煩悩や苦しみから完全に解放され、心が平静で安らかである状態を表します。

具体的には煩悩（欲望、怒り、無知など）が完全に消え去り、心が清らかで穏やかになることで、人生の苦しみや悩みから完全に解放されることです。仏教では、この状態に達することが最終的な目標とされています。心が静まり、内面的な平和と安らぎが得られる状態であり、外部の状況や出来事に影響されない、内なる平安を意味します。また涅槃寂静とは、一時的な安らぎではなく、永続的な安息を意味します。つまりこれは、生死を超越した状態であり、輪廻《りんね》のサイクルからも解放された究極の境地なのです。

涅槃寂静の世界に到達するためには、解脱《げだつ》が求められます。解脱とは、煩悩や迷いから解き放たれ、自由の境地に到達することを指します。これは悟りを得るための道のりであり、自己理解や精神的な成長を追求する過程です。仏教においては、この涅槃寂静の状態に達することを最終的な目標として、修行や悟りを通じてこの境地に近付くことが追求されているというわけです。

こういったことからも分かるように、マインドフルネス禅の人間レベルでの到達点である風のさらに上位である空の型は、すべてを超越した無我の境地、悟りの境地であり、ここまでくると仏の世界になってきます。精神的には完全に安定していますが、この世を生きる私たちの実生活においては逆にマイナスとなる可能性もあるのです。

もしこの空の領域に到達できた人がいるとすれば、現実世界はとても生きづらい世界だと思います。なぜならば人間である以上煩悩を超えていく必要があるからです。そこは善悪も自利利他も超越したところです。人という存在は煩悩の塊でもあります。それを捨て去ることは自分自身の存在を捨て去ることにも等しいと思います。ごく短期間、それこそ一瞬ならばその境地に行けることもありますが、生身の人間が、生きている間にずっと空の領域に居続けることは不可能といってもいいと思います。

仏教の僧侶という宗教家である私は、この空の型を目指そうと思っています。しかし目指しはしますが、それはまだ今ではないとも考えています。なぜなら、やはりそれには俗世を捨てる覚悟と環境が必要だからです。すべての欲もなくなりますから、お金にもまったく執着がなくなりますし、この世で生活していくうえで、とても生きにくくなってしまいます。例えば、今、私がこの世での使命だと感じて行っているようなこと、マインドフルネス禅といったマインドフルネスを世界に広めて、一人でも多くの皆さんをストレスや雑念から解放するというような活動もできなくなってしまいます。そういう欲もなくなってしまうからです。空の世界はまったくの別世界なのです。ですから、今の私は人間レベルの最高峰ともいうべき、限りなく空に近い風という位置を目指しているというのが、実際のところです。しかし、もちろんそれすらも決して簡単なことではありません。

なにしろ、この空の域に入ることの難しさといえば、並大抵のものではないのです。あのイエス・キリストでさえも磔《はりつけ》の刑にされたときに、ブッダでさえも死ぬ直前にようやくたどり着いたといわれるような境地です。この世で行ける人はほんの一握りなのです。

空の型の目指すところ

マインドフルネス禅において空の型が目指すところは、限りない高みです。意識の最上位であり、自分を取り巻くすべてのものと調和して物事をスムーズに進められる状態を生み出すことを指します。この境地では、普段の思考や感情から離れ、高い意識の状態に入り、直感や洞察が鋭くなります。物事が自然に進み、すべてのストレスや不安から解放されるため、まったく雑念がない状態となり、ひたすら内なる平和と洞察を追求することになります。いってみれば、これはただぼーっとするだけの状態ということでもあります。

さらに重要なこととして、空の型と、これまでの、地、水、火、風の型と根本的に違うのは、これまでのこの世の人生における心や魂の修行も問われてくるということです。この世には善人ばかりではなく、残念ながら悪に染まっているような人もいます。ですが、マインドフルネス禅はどんな心の持ち主であっても途中までは修められます。地、水、火というベーシックなところはもちろん、上級の風の型でさえ、その努力をすれば悪人でも誰でも修めることができます。しかし、空の型だけはそうはいきません。なにしろ俗世間を捨てなければいけないのです。空の領域に入るために必要なのは、無条件の愛と感謝、そして正義。そういった学びがない限り、空の領域には行くことができません。

ここでいう正義というのは、人間だけの正義ではありません。例えば自然なども含めた、地球のバランスは正義といえます。諸行無常という、すべてのものは滅んで、再生していくという大自然の法則といったぶれない絶対的なものも正義です。人間中心のものではなくすべての生きとし生ける者に対する正義を、正しいまま持つことができる。そんな学びが必要とされているのです。

その例として挙げたいのが、光明皇后です。光明皇后は、日本の奈良時代において、仏教に深く帰依し、慈悲深い行動で知られた女性です。彼女の行動と信仰から、空の型を修めようとする人が目指すべき、素晴らしい人格者であったことがうかがえます。

光明皇后は、聖武天皇の皇后として、仏教の振興に大きく寄与しました。彼女は仏教を深く信仰し、数多くの寺院や仏教施設の建設に尽力しました。そのなかでも特に重要なのが、病院や福祉施設である「悲田院」や「施薬院」の設立です。これらの施設は、病人や貧しい人々を救済するためのもので、光明皇后の慈悲深さと社会貢献の精神が表れています。

その光明皇后の慈悲深さを象徴する有名なエピソードとして、彼女が病人の膿《うみ》を自らの口で吸い出したという話があります。これこそは見返りを求めない無償の、絶対的な愛です。この行動は、彼女の無私の精神と、苦しむ人々への深い共感を示しています。病人を見捨てず、自らの身をもって救おうとする姿勢は、まさに仏教の教えを体現するものであり、他者への慈悲の極みといえるでしょう。

この話からもうかがえるように、光明皇后は自らの地位や立場にとらわれず、他者の苦しみを自分のものとして受け入れる姿勢を持っていました。この、他者の苦しみを自分の苦しみととらえることができる概念を、スピリチュアルの用語ですが、ワンネスと呼んでいます。ワンネスとは、自分も世界も一つであり、宇宙に帰結する存在だと説く概念です。他者との境界を超え、共感や共鳴を通じて他者の感情や苦しみを自分のものとして感じることができる精神状態を指します。ワンネスの精神は、自分以外の存在を愛し、他者の幸福を自分の幸福として願うことができ、無条件の愛を育みます。このような心のあり方は、空の型に求められる無私の精神と一致しています。空の型を修めようとするならば、こういった心を持っていなければなりません。

空の型を修めることは永遠の目標

マインドフルネス禅における空の型は、悟りの世界ともいうべき、精神の究極的な安定を目指すためのものです。この修行法は、すべての雑念や煩悩から解放されることを目的としていますが、そのためいわゆる俗世間を捨てることになるので、生身の人間としての心の動きや幸福感も同時に失うことになります。

空の型は、心の中に浮かぶすべての雑念や煩悩を完全に取り除くことを目指します。この状態は、まるで風のない湖のように、心が澄み切っている様子を表します。思考や感情の波が立たないため、内面的な平和が保たれるのです。

しかし、すべての雑念や煩悩を取り除くことで得られる静寂は、生身の人間としての自然な心の動きや幸福感も同時に失うことを意味しています。心の動きや感情は、人間としての体験や成長の一部であり、喜び、悲しみ、愛情、恐れなどの感情は、人間関係や自己理解を深める重要な要素でもあります。

空の型を修めることで、これらの感情の揺れを超越し、安定した精神状態に達することができます。しかし、その代償として人間らしい感情や幸福を感じることが少なくなります。

実際に、私たちが空の領域に入ることは、ほぼ不可能に近いことですし、例えば一般企業の会社員のようなビジネスパーソンが、このレベルを目指す必要はありません。

当然、私自身もまだまだその境地に達していませんので、これはあくまで想像ですが、悟りというものは大きなものから小さなものまでさまざまにあると思われます。そして真の悟り・大悟は、人が死を迎えるその時になってようやく得られるものだと考えています。

空の型を修めることは、いわば永遠に続く目標です。それを達成することはほぼありません。そう理解していながら、チャレンジするのです。それは、心の平静と洞察を求める者にとっての終わりのない旅路であり、真実の自己を追求する道となります。

瞑想法・呼吸法

●90秒のプレパレーション

これまでの型同様に、セルフチェックのための90秒間の瞑想を先に行いますが、できればこれに先立って滝行などの動的瞑想を行うことを推奨しています。両方を実践することによって、精神と肉体のバランスを保つことができ、物事がより良く判断できるようになるからです。

●空の型の呼吸法&瞑想法「ブッダの呼吸法&圓弘のオリジナルマインドフルネス禅」

圓弘のオリジナルマインドフルネス禅は、椅子に座って行う椅子座禅です。その要となるのは姿勢を整え、呼吸を整えることです。

最初に姿勢を整えます。呼吸法も瞑想も次の姿勢で行います。姿勢で特に大切なのは、肩の力を抜き、上半身を柔軟なまま、力みのない状態にしておくことです。そのために、足は少し離して床に置きます。その際、足の裏をしっかりと床につけます。そして椅子に浅く腰掛けます。右手を下、左手を上にして重ね、両手の親指をつけて、太ももの上のおなかの下に自然に下ろします。呼吸法と座禅が終わるまで、そのままの姿勢を保ちます。

瞑想の際、口は閉じ、舌は上あごにつけたまま（口の天井に舌をつける）で、口の中に空間ができないようにします。そうすれば、鼻呼吸がしやすくなります。また、眼鏡をかけている人は、眼鏡をはずしてください。そのほうがよりリラックスできるからです。

姿勢が整えられたら、呼吸法に入ります。ブッダの呼吸法というのは、地の型で紹介した「12・6・6の呼吸法」のことです。ただし、このレベルを実践しようという皆さんは、マインドフルネス禅をすでに何度も行ってきているベテランになりますから、前述の正しい姿勢を保ち、丹田と背骨をしっかりと意識して、体を立体的にとらえながら行います。

最初にブッダの呼吸法を行ったら、次に圓弘のオリジナルマインドフルネス禅を、次のステップで行います。

1. 最初の姿勢を保ったまま、背骨と丹田に意識を向けます。
2. 心の中でできるだけゆっくり1から10まで数を数えます。
3. ぼーっと無心になり、10分間の瞑想に入ります。
4. 10分間の瞑想が終わったら、目は閉じたまま両手を10回こすり合わせます。
5. 手が温かくなってきたら目の上に手を当て、その状態のまま目を開けます。
6. 目を開けたら手を下ろし、完全に目覚めるまで少し待ちます。

このマインドフルネス禅の最も肝心なことは、無心になり、じっと動かないことです。そして無心になることで、今まで使っていない脳が動き出します。そして脳がすっきりクリアになり、新しいアイデアや考え方も生まれてきます。

瞑想中に目の中で少し光が見えるような、目を閉じていても明るく感じた人は、深い瞑想に入った人です。この光が見えてくるというのはどういう状態かといえば、目と目の間の奥にある松果体が活性化してきたということです。松果体という脳の器官は、松ぼっくりに似た形をしていることからこう呼ばれ、大きさは豆粒くらいです。松果体が活性化すると、セロトニンという幸せホルモンをもとに、夜になると睡眠に必要なメラトニンが分泌されます。ニワトリや魚などの多くの動物は、この松果体によって光を感じる、つまり松果体が「第三の目」として機能しています。そのことから、人間もここが活性化すると第三の目が開いて覚醒するというようなことをいう人もいます。いずれにせよ、人間にとってもたいへん重要な部分をつかさどる器官であることは間違いありません。

●空の型のリラクゼーション「Samurai Hands」

これは印を結ぶといった日本古来伝わる手の形をアレンジし、圓弘のオリジナルとしてバージョンアップしたものになります。元来、ストレスにより、恐怖や不安・緊張を感じた場合にするものです。

やり方は以下のとおりです。

1. 両肘を水平にして、両手の薬指同士を絡ませて押し付け合い、中指を除く3本の指を寄せ、手のひらの中心を深くくぼませるような形にして、肩を下げます。

2. 次に、この手の形、Samurai Handsをしながら、息を吸い込んでおなかを膨らませ、膨らんだ状態で、息をゆっくり吐き出します。

人間は恐怖や不安・緊張を感じるときに横隔膜が縮み上がりますが、手と指をこの形にすると、横隔膜が縮まないので、結果的に恐怖や不安・緊張を感じる条件が満たされないため、怖いと感じないのです。これは即席の方法ですが、昔の武士は普段の鍛錬により重心が下がって横隔膜が縮み上がらないような動きを身につけていたので、危険な場面でも平然としていられたといいます。

恐怖や不安さらに緊張して頭が真っ白になっている人は、この手の形、Samurai Handsをしながら、深い息をしてみましょう。それによって恐怖や不安、緊張からも解放されて自信がみなぎってくるはずです。

苦楽の先に拓ける道がある

無我の境地の先に

　ここまで現代を生きるうえで障壁となる雑念を解消するための考え方、そして実践法としてマインドフルネス禅の5つの型を見てきました。空の型のように、ほぼこの領域に達するのは不可能に近いというようなものもありますし、その下の風の型についても一時的にしか入れない人が多いと思います。このように5つの型を修めることは、確かに難しいことですが、そこへ至るプロセス、その努力こそが実は大切なのです。なかなか上の領域に行けないからといって諦めずにぜひ続けてもらいたいと思います。マインドフルネス禅の実践を何度も重ねることで得られる利点というものは、本当にたくさんあります。

まず、マインドフルネス禅は、心の雑念を減らし、クリアなマインドを目指していきます。ほとんどの人は瞑想してみて初めて、実は私たちは無数の思考や感情といった雑念に囲まれているということに気付きます。マインドフルネス禅を何度もくり返し行っているうちに、徐々にではあっても確実に雑念は減っていくはずです。そして、心が静かになると同時に集中力もつき、自らストレスコントロールもできるようになってきます。

マインドフルネス禅とは、自己観察と内省を促すものです。特に瞑想を行う際、私たちは自分の心の動きや感情に注意を向けます。このプロセスにより、自己理解が深まり、深い洞察が得られるとともに、他者に対する理解も深まります。そこから人間関係や人生の意味についても、新たな視点が開かれていきます。

毎日継続してマインドフルネス禅を行うことで、忍耐力や粘り強さも養われます。そして、マインドフルネス禅では過去の出来事や未来の予測にとらわれず、今この瞬間に意識を向けることが求められますから、現在に集中する力も高めます。これは、ストレス軽減や創造性の向上にもつながります。その結果、心の平和と幸福感が増してくるのです。

つまり、マインドフルネス禅の継続的実践によって雑念が減少し、自己観察が深まることで内なる安定感が生まれ、日常生活においても喜びや満足感がもたらされます。マインドフルネス禅の5つの型を修めることはたやすくはありませんが、努力と忍耐を持ちながら継続的な実践を行っていけば、心の成長と洞察を得ることができ、自分自身と向き合って内なる平和を見つけ出すことができます。

マインドフルネス禅の、地、水、火というベーシックの3つの型を修めることができれば、それは一つの大きな成果です。次の風の型を修めることが難しく、壁にぶち当たったかのように感じて挫折することもあるかもしれませんが、そんなとき、諦めずに再びマインドフルネス禅に挑戦していこうとすることが、成長や強さを築いていきます。

一般的に挫折というのは、私たちが自分自身を知り、向上するための貴重な機会となります。挫折したときにはまず自分を受け入れることが大切です。自己批判や否定的な感情を抱かずに、自分を励ましながら忍耐と耐久力を持って継続していくことで、心の強さを培います。例えば風の型を修められなかったとしても、その原因を冷静に分析し、自己評価や目標設定を見直して次に向けて新たな計画を立てることができます。

マインドフルネス禅は毎日短い時間であっても継続的に行うことが求められるもので、地、水、火の型を修めたからといってすぐに風の型を修めることができるわけではありません。しかし、それで問題はないのです。日々、少しずつでも呼吸法や瞑想を行い、それらを徐々に自分のものとしていき、自分の心を観察し続けていくことが何よりも重要だからです。そうしているうちに自然と次のステップへと進む準備も整います。

また、つらくなりそうなときには、同じくマインドフルネス禅の修行を行っている友人や家族、指導者たちと交流することもいいと思います。もし身近にいなくても、最近はSNSなど便利なツールがありますから、それで探すこともできます。励ましやアドバイスを受けることができますし、たとえ一人で行う瞑想であっても孤独なものではないと感じられることで継続への力が出てくるからです。

越えられない壁はないといいます。挫折を感じたら、それは自分がより強くなるチャンスだと前向きにとらえましょう。そして、自分自身を信じて、諦めずに努力を続けることです。

「地の型」のインプットと「水の型」のアウトプットを意識する

一般人レベルの最高峰である風の型については、一度超集中状態に入れるようになっても、すぐにそれができなくなることもよくあります。逆にいえば1回で風の型を修められ、その領域にずっと居続けることができる人のほうが大変なレアケースなのです。何度か躓《つまず》いても、地、水、火の型を何度もくり返すことで、その3つの要素がバランスよく整い、クリアな自分になれたところで、また風の型に挑戦すれば、きっと道は拓けてくるはずです。

この地、水、火というベーシックな3つの要素のなかでもとりわけ地、そして水は、それぞれ座禅をする人の足と胴体として表現されるように、人としての土台をつくる部分になりますから、何度もくり返してしっかりと体に覚えさせていくことはさまざまなメリットをもたらします。

また、それぞれの型ができるようになったと感じたら、次の段階では「地の型」では「土（地）の要素はインプット」、「水の型」では「水の要素はアウトプット」と意識することで、より効果的かつ、一段上のマインドフルネス禅を行うことができます。

まず、「地の型」について説明します。地の型は、土の要素に焦点を当てたものであり、インプットのプロセスを重視します。土は大地を象徴し、安定性、堅実さ、そして受容性を示します。この型を実践する際には、外部からの情報やエネルギーを受け入れ、心身に蓄積することに重点をおきます。呼吸法や瞑想を通じて、心を静かにし、地に足をつける感覚を大切にします。これにより、内面的な平静と安定感を深めることができます。

具体的な実践方法としては、深くゆっくりとした呼吸を行いながら、自分の呼吸や体の感覚に意識を集中させます。周囲の音や感覚をただ受け入れ、何も考えずにそのままの状態を保ちます。これにより、外部の情報やエネルギーが自然と自分の内に入り込み、心と体が一体となる感覚を得ることができます。

一方、「水の型」は水の要素に焦点を当てたものであり、アウトプットのプロセスを重視します。水は流動性、柔軟性、そして浄化を象徴します。すでにネガティブな気持ちを「水に流す」という方法は紹介しましたが、その次の段階では、より強く、自分自身の内に蓄積されたエネルギーや感情を外に流し出すことに重点をおきます。この際には動きのある瞑想や、クリエイティブな表現を通じて、自分の内面を外に解放します。

具体的な実践方法としては、自由に体を動かしながら、自分の内にあるエネルギーを感じ取り、それを外に流し出すイメージを持ちます。滝行やリズムダンスなど、動きを伴う瞑想が効果的です。

このように、「地の型」では土の要素をインプットとし、「水の型」では水の要素をアウトプットとすることで、それぞれの型の持つ特性を最大限に活かすことができ、ネクストレベルの高い効果を上げられるようになります。両者をバランスよく取り入れることで、心身の調和を保ち、深い瞑想体験を得ることができるでしょう。

現役メジャーリーガーの大谷翔平選手は、２０２４年に50本塁打50盗塁という前代未聞の大記録を打ち立てました。これは日本人選手の快挙というだけでなく、メジャーリーガーとしても全米で賞賛される偉業となりました。

ピッチャーとバッターの二刀流で日本球界を席巻した大谷選手は、メジャーリーグに活動の場を移した当初から大活躍を見せましたが、その陰には日々のトレーニングの積み重ねがありました。特筆すべきは、それを苦しいことと思わず、プロとして当たり前のことをやっているという姿勢です。その積み重ねがあるからこそ、打席に立ったときにゾーンやフローに入って100%以上のパフォーマンスを発揮できるのです。

日本球界からメジャーリーグへのステップアップと同様に、多くのビジネスパーソンも、人生のステージが変われば、当然目指すものも変わってくるはずです。

そのときにチャンネルを切り替えて、またその新たなジャンルでのゾーンやフローといった高みを目指していけるか。新たなチャレンジができるか。そういう意識が持てるかということが大切です。そしてそれを支えるのが日々の努力であり、それを当然だと思う気持ちです。マインドフルネス禅において重要なのは、最終的な到達点ではなく、そこに至るまでのプロセスなのです。

雑念がない＝楽な人生ではない

雑念を減らし、クリアなマインドを得ることは、マインドフルネス禅の実践を通じて目指す目標の一つです。確かに、雑念のない状態は心の安定をもたらし、集中力や精神的な明晰《めいせき》さを高める効果がありますし、雑念のない状態は幸せをもたらします。しかし、雑念を「完全に排除」し、安定した状態を長期間維持することができるのは、一般人にはほぼ不可能な空の型の領域に到達した人のみで、つまり悟りの世界の話です。また実際にはただぼーっとするだけになってしまうので、その状態は必ずしも人間の成長につながるわけではありません。逆にいえば、それ以上成長する必要がないというくらいの無我の境地のさらにその先にいるような人のみが許される境地なのです。

雑念がまったくない状況が実現されても、それはゾーンやフローのように一時的なものであり、実際にはその状態が長く続くことは自然な人間の状態とはいえません。人間の脳は常に何かを考え、処理し、新しい情報を取り入れ、解釈しようとする性質を持っています。このプロセスは、人間が学び、適応し、進化するためには必要不可欠なものです。雑念はその過程の一部であり、それを永久に排除することはほぼ不可能で、人間の成長や発達を妨げることにもなりかねません。ですから、私たちが目指す目標は雑念を限りなく減らしていくこと、マインドフルネス禅などで一時的にでも雑念のないクリアなマインドをつくっていくことです。

このように実際のところ、雑念を完全に排除することは現実的ではありませんし、持続可能な状態でもありません。むしろ、雑念を適切にコントロールする能力を身につけることがとても重要で、それが精神的な安定と成長の鍵となります。例えば、雑念が浮かんできたときに、それに気付き、手放していく技術を学ぶことは、集中力を高めるだけでなく、ストレスを減少させ、心の柔軟性を養う助けとなります。

では、雑念をコントロールするためにはどうしたらいいでしょうか。まずその第一歩として、雑念の存在を否定せず、ありのままを受け入れることが大切です。雑念が浮かんできたときに、それを無理やり排除しようとすると、かえってその雑念に執着してしまうことになります。これでは雑念をコントロールしようとして、かえって正反対の結果を招いてしまいかねません。その代わりに、その雑念を一つの流れとして認識し、それを追いかけるのではなく、自然に通り過ぎるのを待つというアプローチが有効です。これにより、心はよりリラックスし、柔軟な状態を保つことができます。

もちろんこのために定期的なマインドフルネス禅の実践を通じて、雑念に対する耐性を高めておくこともとても重要です。これにより、日常生活の中で発生するさまざまな雑念やストレス要因に対して、より効果的に対処することができるようになります。雑念をコントロールする能力は、ビジネスや学習、対人関係など、あらゆる面でのパフォーマンス向上に寄与します。

要するに、雑念を減らし、クリアなマインドを得ることはとても有益ですが、雑念を完全に排除しようとすることが最善のアプローチとはいえないということです。雑念をコントロールし、それを自己成長の一部として活用することが、真の精神的な安定と成長につながります。このような視点を持つことで、日々の生活においてより柔軟でバランスのとれた心の状態を保つことができると思います。

雑念やストレスは決していいものではありませんが、プレッシャーのような良いストレスがない限り、ゾーンやフローに入ることもできません。人間にはそのように少し自分を緊張状態にさせておくものが必要なのです。さらに、現代社会においては、常に成長し続けることは不可欠になっています。特にこんにちのような急速に変化する環境では、現状維持は停滞を意味し、最終的には衰退を招く可能性があります。技術の進歩、グローバル化の進展、経済の変動など、あらゆる要因が日々刻々と変わる中で、個人や組織が生き残り、成功を収めるためには、常に前進し続けることが求められます。

また、良いストレスを探し求めるためには、自分自身の目標設定が重要となります。具体的で明確な目標を持つことで、その目標に向かって計画を立て、行動する動機付けが生まれます。目標は短期的なものから長期的なものまでさまざまですが、それぞれが達成可能であり、かつ挑戦的であることが重要です。順番としては、先に長期的な目標を立て、そこに向かっていくまでの間に短期的な小さな目標を立てていくのです。例えば試験に合格したいという大きな目標を持ったなら、いつまでにこの問題集を一冊やりきろうとか、いつまでにこのくらいの英単語を覚えようとか、そういう計画を立てるのではないでしょうか。人生の目標もこれと同じでいいのです。短期的な目標をいくつか達成していくような小さな成功体験を積み重ねることは、成長を加速させることにも役立ちます。

さらに、良いストレスを感じるためには、自己管理能力も欠かせません。適切なタイムマネジメントやストレス管理技術を駆使することで、過度なプレッシャーに押し潰されることなく、効果的に挑戦に取り組むことができます。これにより、ポジティブなプレッシャーを維持しながら、持続的に成長し続けることが可能となります。

私の話をするならば、今、私は日本のみならず、アメリカというとてつもなく大きなフィールドでも挑戦をしています。最初は英語がほとんどできなかった自分にしてみれば、それこそとんでもない恐怖を感じました。しかし、なんとしてでもやり遂げたいという思いのほうが強かったので、恐れを克服することもできました。アメリカでの講演も、原稿を丸暗記するという方法で乗り切りましたが、まず勇気を持ってアメリカで活動しようと思えたこと、そして丸暗記で乗り切るというある意味斬新なアイデアが出てきたというのも、日々のマインドフルネス禅の成果だと思っています。もちろんこれらの経験は私をぐんと成長させてくれましたし、今なお私のアメリカでの挑戦は続いています。決して楽なことではありませんが、その分得られるものもたいへん大きいと感じています。こうして常に自分にプレッシャーをかけ続けることでそれまでの自己の限界を超え、持続的な成長を遂げることができるようになるのです。

そして、新たな人生の一歩を踏み出すような大きなチャレンジをするときには特に、自分の振動数を上げることを意識してほしいと思います。そうすることで運気が上がり、夢に近付くことができます。これはエネルギーや波動に関する科学的な理論に基づいた話です。この世界のすべての物質は素粒子によってできており、それらは必ず振動をしています。それをコントロールできるのは人間だけなのです。素粒子の振動数を上げるだけで、さまざまな出来事が変わってきます。

これらを簡単に説明するならば、まず素粒子とは、物質を構成する最も小さな単位です。すべての物質は素粒子から成り、これらは常に動いています。この動きがエネルギーを生み出します。科学的に見れば、私たちの体もエネルギーでできています。振動数とは、物質がどれだけ速く振動しているかを示す指標です。振動数が高いと、エネルギーも高くなります。例えば音楽でいえば、高音は振動数が高く、低音は振動数が低いという違いがあるのです。

振動数を上げると運気が上がるという理由については、振動数を上げると、自分自身がポジティブなエネルギーに満ちるようになるからです。ポジティブなエネルギーは、良いことを引き寄せやすくします。なぜなら、振動数が高いと、同じように高い振動数を持つ良い出来事や人を引き寄せるからです。これは、類は友を呼ぶという考え方に似ています。さらに、高い振動数は健康状態を改善し、幸福感を増すといわれています。健康で幸せな状態は、夢を追いかけるためのエネルギーを提供してくれます。

この振動数を上げる方法というのは、難しいことではありません。たった2つのことをすればいいだけです。まずはスピードを上げることです。例えば歩く速度を上げること、勉強や仕事などにかかっていた時間を今までより20秒縮めること。もしくは20秒縮めるためにはどうしたらよいか考えて努力をすることです。次に、発する言葉に気を配ることです。ポジティブな言葉を使うように心がけ、できないとは言わないことです。これらによって自分の振動数が上がり物事がスムーズにいくようになります。その結果として自らが成長し、夢へと近づいていくのです。

超集中が奇跡を生む

集中力にも注意の範囲や広がり、またはその性質によっていくつかの種類がありますが、マインドフルネス禅では次の4つの集中の仕方があると考えます。

内側（地）に狭く集中する。自分の呼吸を意識する。

外側（水）に狭く集中する。読書など。

内側（火）に広く集中する。サウナ、散歩など。

外側（風）に広く集中する。瞑想などが代表的。


内側、外側というのは、シンプルに自分の内か外かという話です。例えば内側の場合は自分の呼吸を意識することであり、外側の場合は外の呼吸を感じることです。

そして、その範囲について、私は「狭く集中、広く集中」という言葉で表現するのですが、限定的な集中と広範な集中というものがあります。

狭く集中（限定的な集中）することとは、特定の一点や限られた範囲に意識を集中する状態を指します。狭く集中するということは、あえて目の前のものだけを集中して見ることです。これは、仏教でいう内観と同義です。自己や内面的な体験に対する注意を表し、自分の内面や感覚、感情、すなわち自らの心の内側に注意を向けることです。

広く集中（広範な集中）とは、広い視野を持ち、多くの情報や要素を同時に意識する状態を指します。自然の中で全体の風景や音、匂いを感じ取ることです。これは、仏教の外観（外界に対する注意）と関連しています。外部の環境や出来事に注意を向けることです。風の領域になれば、全体を見られる集中力がついていることになります。そこからゾーンやフローのような超集中状態も身につけられるようになっていきます。

毎日、マインドフルネス禅を実践していけば、誰でも雑念をコントロールすることができるようになりますから、やがて必要なときにはゾーンやフローといった超集中状態に入れる力を手に入れることができます。現代社会において、この超集中の力は、ビジネスだけでなく人生全般にわたって成功や幸せをつかむための鍵となってくれます。効率的に目標を達成できるだけでなく、創造性を発揮し、精神的な平穏を保つことができます。自己実現の達成は、深い満足感と幸福感を与えてくれるに違いありません。

ビジネスにおいては、雑念を排除して目の前にあるタスクに完全に集中することができるので、生産性が劇的に向上するということがたいへん大きなメリットとなります。超集中状態では、ほかの雑音や妨げに気をとられることなく、重要な仕事に全力を注ぐことができます。雑念があると重要度よりも自分のやりやすい仕事、好きな仕事を優先させることもありますが、この状態では、重要なもの、急ぐものから先にやるという仕事の優先順位についても間違うことがありません。これにより、短時間で高品質の成果を出すことが可能となります。同様に、情報に対してもその取捨選択がすばやく、正確に行えるようになります。ビジネスの現場では迅速かつ効果的な意思決定を行うことは極めて重要であり、クリアなマインドは、複雑な状況でも冷静に最適な判断を下す力を養います。

また、雑念をコントロールすることで、心の余裕が生まれ、新たなアイデアや解決策を見つける能力が高まります。超集中状態では創造力が活発となり、通常の思考パターンを超えて、新たな視点や発見に至ることが多く、これがビジネスにおけるイノベーションの原動力となります。

生活面においても、さまざまなメリットをもたらしてくれます。雑念をコントロールすることで、精神的なストレスが大幅に軽減されます。心を静かで明晰な状態に保つことができるため、日々のストレス要因に対しても冷静に対処することが可能になり、全体的な生活の質が向上します。

超集中状態では、他者とのコミュニケーションにも集中することができ、より深い理解と共感が生まれます。雑念が少ない状態で相手に接することで、より誠実で有意義な関係を築くことができます。これが、家庭や職場での人間関係の改善につながります。

集中力が高まることで、自分の目標や夢に対してより明確なビジョンを持つことができます。さらに超集中状態は、自分の内なる声に耳を傾け、真に望むものを見つけ、それを達成するための道筋を見いだす力を与えます。これが自己実現の促進につながり、充実した人生を送るための基盤となります。

これらのことは時に奇跡のような結果を生み出します。例えば、将棋の藤井聡太棋士の対局をテレビで見ていると、まれに中継の解説者も理解に苦しむような一手が見られます。私たち凡人にはいわゆる悪手なのではないかと驚くようなときもあるのですが、実は藤井棋士には相手が投了するまでの道筋が全部見えているのだと思います。ゾーンに入ったときにはそのような成功までの道筋が線になって見えることがあるからです。

またスティーブ・ジョブズもそういう人であっただろうと想像します。彼はスマートフォンをつくる際にもこだわって、こだわって、そして薄くて、デザインも良くて、まさにスマートと呼ぶにふさわしいiPhoneを生み出しました。周りの人はもうこれでいいだろうと思うような場合でも、満足せずに何度もやり直しをさせていたそうです。おそらく彼にはゴールが見えていたはずです。もういいだろうという周りの空気に流されているような人は、天才ではないのです。

真に幸せな人生とは

雑念があることで人生はうまくいかなくなるものです。例えば転職ばかりくり返している人は、雑念からあちらこちらに目が行ってしまうことが考えられ、地の要素が足りていない人です。雑念があることで自己判断も間違いを起こすことがあります。簡単にいえばものすごく疲れた顔をしていて、はたから見ればもう限界なのではないだろうかと思われている人が、「自分は全然疲れてなんかいない」と言い続け、結局倒れてしまうようなケースです。方向性を間違えたりするのも雑念が多い人の特徴です。マインドフルネス禅もそうですが、マインドフルネスの基本というのは、今に生きることです。雑念によってそれができなくなってしまっていることが不幸を呼び寄せます。

すべてアメリカのほうがいいとはいいませんが、ビジネスの環境においてアメリカは働く人の心を大事に考えています。その面で日本はかなり後れをとっているのは確かです。

例えばアメリカでそこそこの規模の会社であれば、必ず心のケアをするカウンセラーのような存在がいます。日本はよほどの大手でない限りそのようなことをしません。一人になれる場所がトイレしかないとか、席がフリーアドレスになってますます人目にさらされることになり、場合によっては常に上司に見張られていてまったく心が休まることのない若手会社員もいたりします。

研修についてもアメリカではマインドフルネスを取り入れることが主流になってきています。頭をクリアにすることの重要性が分かっているからです。日本は残念ながらそういったことにお金をかける企業は少数です。研修といえば、自社の精神だとか、仕事の仕方についてなどをインプットし、それをくり返しています。心の専門家である私から見れば、まずは心をクリアにすることが第一なのです。

「呼吸」という漢字は吐いてから吸うという順番で書きます。同様に「出入り口」も出てから入ると書きます。何事も出すことが先なのです。頭もクリアにしていないのに、詰め込んでばかりいては、新人社員は雑念だらけになります。雑念が多すぎるとうつになってしまう危険もあります。人手不足の昨今に苦労してせっかくとった新人がうつになってしまったら……そんなことは想像もしたくないのではないかと思います。

忙しく働く日本のビジネスパーソンはスケジュールがびっしり詰まっていることが多いと思います。そういった忙しさ、マルチタスク、脳疲労、睡眠不足、それらはすべて雑念が多くなる原因となります。こういった場合、まず見直すべきは優先順位です。雑念の多い人は優先順位をつけるのが下手な人が多いです。森をつくらなければいけないのに、草を生やしてみたり、隣の森を見ていたり、まったく違うことをしてしまう人もいます。やはり自分で雑念を捨てて、考えていかなければいけないところです。

幸せの形は、人の数だけ存在します。それは、一人ひとりが異なる人生経験や価値観を持っているからです。ある人にとっての幸せは、家族との団欒《だんらん》かもしれませんし、別の人にとっては一人で静かな時間を過ごすことかもしれません。成功や富を追求する人もいれば、小さな日常の喜びに満足する人もいます。

このように、幸せの定義は固定されたものではなく、個々の心の中にあります。しかし、心身がクリアで健康でなければ、自分が幸せかどうかさえも分かりにくくなってしまうのです。「健全な精神は健全な肉体に宿る」といいますが、心も体も両方がそろっていないと真の幸せは目指せないと思っています。

本書で紹介したマインドフルネス禅といったマインドフルネスの精神を世界中の人に広めて、一人でも多くの人を幸せにしたい、将来への希望が持てるようにしたい。私はそういった大きな意味での愛を与えていきたいと思っています。

私自身これからも、まだまだ進化していくつもりです。進化とは常に前に進み、より良い自分になろうと努力することです。一方でジムにも通い、肉体のトレーニングも怠っていません。進化し続けていくこと、一歩一歩前に進んでいくこと。それが私の幸せなのです。

また、私はぜひ皆さんにもそうであってほしいと願っています。そのために本書で紹介したマインドフルネス禅も大いに活用していただけたなら、幸甚です。

おわりに

本書を手にとっていただき、また最後までお読みいただき、ありがとうございました。

私の3冊目の著書である本書で、いまや私のライフワークともいえる「マインドフルネス禅」について詳しく紹介することができ、とてもうれしく思っています。

ご縁あって本書をお読みいただいた人にはぜひ、自分は変われる、今よりもっと良くなれるという意識を持ってマインドフルネス禅に取り組んでもらいたいと思います。仏教では「一切唯心造」といいます。これは、すべては心がつくり出すという深い意味を持った言葉です。すなわち心の持ち方を変えることで、現実も大きく変化していくということです。

心身の疲労は、人をネガティブ思考に陥れます。こんな例があります。あるとき、私のところに、今の仕事がどうしても自分に合わなくてつらいので辞めたいと思って悩んでいる会社員がやって来ました。彼によると、「自分は上司に嫌われているので、この先会社にいても出世の見込みはないだろう。とはいえ、この年で会社を辞めて転職するのは大変だ。それに転職できてもきっと給料が安くなるに違いない。給料が安くなったら、間違いなく家庭は崩壊だ……」というように、まだまったく始まってもいないことなのにもかかわらず、妄想でネガティブな未来のシナリオをつくり出し、結局、悩みを抱えたまま身動きがとれなくなっていたのです。過去に起こったことをいつまでもくよくよと考えていたり、まだ起こっていない未来のことをあれこれ心配して不安に思ったりしている。彼はまったく「今ここ」に生きられていない、雑念だらけの状態になっていました。そんな悩み事ばかりで頭がいっぱいになると、それがさらに脳を疲労させ、慢性的なストレスを増やし、心身の不調も増えていき、そこからまったく抜けられないという負のスパイラルに陥ります。

特に今はＶＵＣＡの時代と呼ばれるくらいです。これはVolatility（変動性）、Uncertainty（不確実性）、Complexity（複雑性）、Ambiguity（曖昧性）という4つの単語の頭文字をとった言葉で、目まぐるしく変転する予測困難な状況を指しています。このようにビジネスを取り巻く環境は、激しく変化していますが、生身の人間というのはそれほど簡単に変わっていけるものではありません。しかもこれからどうなるのか分からない、先行きが見通せないという不安とも常に闘っているわけです。このような環境では、ビジネスパーソンは多くのストレスやプレッシャーにさらされることが多く、その結果、心の健康が脅かされる可能性があります。ですから、当然ビジネスパーソンには心のケアが必要なのです。

さらに付け加えるなら、日本は伝統的に同調圧力が強い国です。暗黙のうちに多数派の意見に従わなければいけない雰囲気が醸し出され、「出る杭は打たれる」のが日本の社会です。「空気を読む」とか「気を使う」といったことがうまくできる人というのが、日本においては仕事のできる人なのです。私はこうした日本の社会には変わっていってほしいと切に願っていますが、残念ながらこれが今の現実です。これらも脳を疲労させ、ストレスの原因となります。

このように、多くの現代人は日々進歩する最新テクノロジーへのキャッチアップのようなハード面に加えて、昔ながらの人への気遣いといったソフト面でもひたすら考えることを求められていることで、たくさんの慢性的なストレスを抱えているのです。

しかしながら、日本においては、心のケア、メンタルヘルスというのは個人任せになっている部分が大きく、企業が従業員の心のケアに積極的に取り組んでいる例はまだ少ないのが現状です。多くの企業は業績や効率を優先しがちであり、従業員の精神的な健康に対する意識が十分に浸透していないことが考えられます。これにより、多くのビジネスパーソンが精神的な疲労やバーンアウトに悩まされている現実があります。


このような状況を改善するために、私はマインドフルネス禅を積極的に取り入れることを提案します。マインドフルネス禅は、古くから日本に伝わる心の修行法をベースに、現代を生きるビジネスパーソンに合った次世代の集中力トレーニングを併せ持つものです。心を落ち着け、内なる静けさを見つける手段として、さらに集中力を高め、モチベーションとパフォーマンスを上げる手段として非常に有効です。現代のビジネス環境においても、その効果は大いに期待できるということは、すでに本書において述べてきたとおりです。

マインドフルネス禅を実践することで、ビジネスパーソンは日常のストレスやプレッシャーから解放され、心身のバランスを取り戻すことができます。

企業としても、従業員に対してマインドフルネス禅の導入を支援することで、心の健康を守る取り組みを強化できます。VUCAの時代を乗り越えるためには、ビジネスパーソンの心の健康を守ることが不可欠です。マインドフルネス禅を取り入れることで、心のケアを実現し、より健全なビジネス環境を築くことができるでしょう。企業が積極的にこの取り組みを推進することで、従業員の生産性や創造性が向上し、ひいては企業の持続的な成長につながることが期待されます。担当者にはぜひ導入をご検討いただきたいと思っています。

私は本書で、この素晴らしいマインドフルネス禅、その心と実践法を広めるべく、筆をとりました。この活動はこれで終わりではなく、むしろここからがスタートです。日本はもちろん、アメリカをはじめとした海外にもマインドフルネス禅を今よりもっと知ってもらいたいと思っています。

「すべての旅はどんなに遠くても、たった一歩から始まる」――私が踏み出した小さな一歩が、より多くの人の一歩を促すきっかけとなることを信じています。本書を通して私の想いを知ってもらえたなら、それぞれの小さな一歩を踏み出してほしいのです。

私には、まだまだたくさんの夢があります。そして、その夢を叶えるために日々心身のトレーニングは欠かさないようにしています。もちろん、その夢の一つはこのマインドフルネス禅を広める活動などを通して、世界中にいる多くの人の心を救うことです。

本書をお読みになった皆さんはまず自分の心を救ってください。そうすれば、それは周りに伝播《でんぱ》していい影響を与えることになります。これは大きな意味での愛だと思います。こうしていつの日か、世界中の人々がみんな平穏な心を持ち、誰もが幸せに暮らせるような社会をつくりたい、私は常にそう願っています。

Only love 愛だけが奇跡を起こす。
誰かに深く愛されることは力になり、
誰かを深く愛することは勇気になる。
愛だけが答えを知っている。
貴方がいつか明るく輝けるように Try again

酒井　圓弘（さかい　えんこう）

1963年、愛知県蒲郡市生まれ。妙乗院住職。

高校卒業後に営業職を経験するも、天台宗の総本山比叡山延暦寺に入山する。1992年に妙乗院に入寺、2005年に第25代住職となる。

アメリカを中心に海外で仏教の教えやマインドフルネスについての講演活動を数多く行うなかで哲学者として高く評価され、2015年にThe Japan Times紙の「100 Next-Era Leaders IN ASIA 2015」、2019年にNew York Times紙の「Next Era Leader's 2019」に選出される。2023年には世界最大の経済新聞ウォール・ストリート・ジャーナル主催のNew York式典「The Future of Everything」で開催された「Next Era Leader's AWARDセレモニー」にて「次世代哲学リーダー賞」を受賞した。50歳から本格的に英語を習い始め、講演会の英語を記憶力と集中力により約70分で丸暗記し、大衆の前で話している。また、日米のメディアに多数出演。

仏教や哲学の啓蒙を通して、ストレス社会に生きる現代人の心と体の健康、そして明るい未来をサポートしている。

本書についての
ご意見・ご感想はコチラ

ローパフォーマーをハイパフォーマーに変える
マインドフルネス禅

2025年1月30日　第1刷発行

著　者　　酒井圓弘
発行人　　久保田貴幸

発行元　　株式会社 幻冬舎メディアコンサルティング
〒151-0051　東京都渋谷区千駄ヶ谷4-9-7
電話　03-5411-6440（編集）

発売元　　株式会社 幻冬舎
〒151-0051　東京都渋谷区千駄ヶ谷4-9-7
電話　03-5411-6222（営業）

印刷・製本　中央精版印刷株式会社
装　丁　　弓田和則

検印廃止

Printed in Japan
ISBN 978-4-344-94886-0 C0034
幻冬舎メディアコンサルティングＨＰ
https://www.gentosha-mc.com/